新学習指導要領対応

基礎・基本が身につく,かんたんにできる

布を使った作品集

開隆堂

はじめに

　子どもたちの手指が動かない、作業が遅い、授業が思うように進まないという話をよく耳にします。確かに、生活の中で手を働かせる必然性が減少し、子どもたちは細かい作業が苦手になってきています。

　先生方は、限られた授業時間や指導の困難さの中で、子どもたちの技能等を考え、針や糸、ミシンを使ったもの作りの授業に苦労していることでしょう。しかし、子どもたちは経験がないからこそ「なにを作るんだろう。」と関心をもち、期待をもっています。しかし、学習が進むにつれ、次第に「めんどくさい」ということばが増えてきます。それは、子どもたちが課題にぶつかったサインです。課題を自ら解決できたとき、「めんどくさい」は次の「学習の意欲」へと代わり、自分の力に「自信」をもつようになるのです。指導者として大切なことは、子どもたちが自ら課題解決できるような授業計画を立て、資料、用具を準備し、的確な助言をすることです。

　本書は、小・中学校の家庭科学習で布を使った教材として、楽しく簡単にでき、基礎的技能が習得できる作品例を紹介しています。また、家庭科の指導に不慣れな先生方のために、用具や布の準備の手順や授業についてのよくある質問をQ&A形式で紹介するなど、授業作りの基本から取り上げました。

　作品が完成したときの子どもたちの瞳は生き生きと輝き、完成した喜びと一所懸命に取り組んだ充実感・自信にあふれています。それは、指導した私たちにも喜びを与えてくれるとともに、もの作りの意義を確認させてくれるものです。本書を活用し、「布を使ったもの作り教育」がさらに拡大、充実することを願っています。

監修　櫻井　純子
編集　鳴海　多恵子

もくじ
Contents

- はじめに …………………………………… 2
- 世界に一つしかない大切なもの ………… 4

第1章 家庭科の授業の準備 …… 5
- ①さあ,家庭科をはじめましょう! ……… 6
- ②安全に製作学習を進めましょう ……… 8
- ③保護者の協力を得ましょう …………… 10
- ④製作の基礎的技能 ……………………… 12

| さいほう用具について …………………… 12 |
| 布のたち方とたちばさみの扱い ……… 13 |
| ぬう姿勢と針の引き方 …………………… 13 |
| 玉結び …………………………………… 14 |
| 玉どめ …………………………………… 14 |
| なみぬい ………………………………… 15 |
| かがりぬい ……………………………… 15 |
| 本返しぬい ……………………………… 15 |
| 半返しぬい ……………………………… 15 |
| ボタンつけ ……………………………… 16 |
| まつりぬい ……………………………… 16 |

第2章 布を使った製作のポイント …… 17
- ①ふしぎな池 ……………………………… 18
- ②名まえワッペン ………………………… 20
- ③フェルトを使った共同作品 …………… 22
- ④マスコット ……………………………… 24
- ⑤ポケットティッシュケース …………… 26
- ⑥キャップの針さし ……………………… 28
- ⑦ふくろうのお手玉 ……………………… 30
- ⑧布のボール ……………………………… 32
- ⑨ランチョンマット ……………………… 34
- ⑩星のクッション ………………………… 36
- ⑪きんちゃくぶくろ ……………………… 38
- ⑫うらつきのエコバッグ ………………… 40
- ⑬エプロン ………………………………… 42
- ⑭カフェエプロン ………………………… 44
- ⑮ミニボストンバッグ …………………… 46
- ⑯お気に入りのシャツがクッションに変身 …… 48

第3章 製作の授業を効果的に進めるために …… 49
- ①教材の工夫 ……………………………… 50
- ②作品製作に使用する技能 ……………… 53
- ③製作学習活動の具体例 ………………… 54
- ④展覧会の準備の進め方 ………………… 55
- ⑤掲示物に名札をつける方法 …………… 56
- ⑥製作学習の評価 ………………………… 57
- ⑦小学校・中学校の関連を考えて ……… 60
- 巻末資料 ………………………………… 62
- さくいん ………………………………… 63

世界に一つしかない大切なもの
ー手作りって楽しいなー

思いや願いをこめて，自分や家族に必要なものを作ろう

自分らしいくらし方を工夫して，楽しく生活ができる子になってね

どんなものを作ろうかな。かわいくて，いろいろなものが入るウォールポケットを作りたいな。夢もいっぱい入るといいな。

どうやって作るのかな。こうしたらどうかな。ためしてみよう。

世界に一つしかないものができたよ。次は何を作ろうかな。

だんだんできあがってくる。がんばろう。

- 作品への夢・願い
- 作り方を調べるぬい方の工夫
- 製作する技能の習得
- 完成！よろこび、自信
- ものを作る楽しさよろこび

- 一人ひとりの子どもが「わたしにもできる」と自信がもてるようにする。
- 作品を作る過程で育つ能力（思考力・創意工夫・努力など）が重要なので，そのプロセスを大切にする。
- 作品を作ることによって，身近な人との心のつながりに気づくようにする。

第1章

家庭科の授業の準備

1 さあ,家庭科をはじめましょう!

学習の見通しをもって

学習のはじめに,どんな内容を,どんな順序で指導したらよいか,子どもの思考の流れを考えた指導案を作成します。教科書の目次も参考にするとよいでしょう。

●児童への投げかけの例

5年生から,家庭科の学習が始まるよ。
「何を学習するんだろう」「料理をするのかな」「布で何か作るのかな」
みんなは,家の人にいろいろなことをしてもらって大きくなってきた。これからは,自分でできることを増やしていこう。

家庭科の目標

学習したことを家で実践しよう

学習のしかた

発見　よく見る目

工夫　考える頭

実践　実践する手

家庭科の目標

ポイント

①学習目標と方法を掲示する
・家庭科の学習目標,方法などはわかりやすく工夫して教室に掲示します。

②家庭科室の約束,安全の注意を指導する
・家庭科室の約束事,安全の注意などは,掲示物を活用するなどして,ていねいに指導します。

③毎時の授業の目標を,明確に示す
・今日の授業の目標を決める。授業後にふり返りまとめることも大切です。

④資料や実物見本を用意する
・資料や実物見本は,個人で準備するだけでなく,学年や担当教員で協力して作成するとよいでしょう。

学習内容を知らせよう

これから学ぶことを具体的に伝えると,子どもの関心・意欲が高まります。
そのためには,授業の写真,VTR,既存の作品,ノートなどを用意して示しましょう※。

⑤学習の形態を工夫する。
・教師の一斉指導だけでなく,二人一組,班ごと,必要な子どもだけに等,場合に応じて工夫して指導します。

⑥地域の人々や保護者の協力を得る
・地域の人々や保護者をゲストティーチャーとして迎え,サポートを依頼してもいいでしょう。

※提示用VTRの例　開隆堂家庭科ビデオ「ミシンを使おう」

Q&A

Q.子どもたちはそれぞれ5年生になるまでに異なる生活経験をしてきています。身につけている知識や技能,興味・関心にも違いがあります。どう対応すればよいでしょうか。

A. 家庭科学習に入る前に身につけておきたい技能について調査しておくとよいでしょう。

家庭科の学習の中でも,衣生活の被服製作は「針に糸を通す」「玉結び・玉どめをする」など,指先を使った細かい作業が必要です。「これはできるはず‥」と,思いこんで授業を組み立ててしまうと,思わぬ所で時間がかかってしまうものです。事前にできることを確認しておくとよいでしょう。

例えば,日常生活のお手伝いや,身のまわりのしまつなどの状況について調査することもよいでしょう。家庭での生活状況や家族関係によって家庭科への興味・関心も異なるかもしれません。

専科であれば,担任の先生との情報交換なども必要となります。

Q.一人ひとりの子どもたちの技能や製作のスピードの違いにどのように対応すればよいでしょうか。

A. 製作の学習では,一人ひとりの子どもの技能や,製作のスピードの違いを考慮しながら進めることが大切です。そのためには,学習の目標を柔軟に考え,ほとんどの子どもがねらいに到達できるようにします。

また,つまずいている子どもへの個別の指導の機会を作ります。机間指導をしながら上手にはげましの言葉かけをしましょう。学習者同士で教え合う場面を作ることも効果的です。

技能の習得は大事ですが,ものを作る喜びを味わいながら,基礎的・基本的な技能が身についていくように,学習者の意欲を高めていけるように支援者(教師)は心掛けます。

Q.製作題材の計画を立てるときはどんなことに留意する必要がありますか。

A. 生活の中で針と糸を持つ機会が減り,子どもたちの手指の巧緻性が落ちています。だれでもできるやさしいものから,次第に難易度を上げることが大切です。子どもの実態や意欲に合わせて作り上げる喜びが味わえるよう,計画を立てましょう。

運動会や移動教室など,学校や学年の行事に合わせた製作物の計画を立てると,作る必然性が感じられて学習意欲も高まります。

② 安全に製作学習を進めましょう

製作を楽しく進めるためにも、安全指導が大切です。

◆ミシンの安全な使い方

ミシンの扱い方

● **持ち運び**
・ケースの金具がしっかりとまっているのを確認して、両手で抱えこむようにしっかり持つ。

● **出し入れ**
・静かにていねいに出し入れする。
・作業中、ケースはじゃまにならないところにかたづけておく。
・しまうときは、金具をきちんととめる。

ミシンぬいの基本

● **準備**
①針をつける。
②コントローラーを用意する。
③差しこみプラグをコンセントに差しこむ。

● **手の置き方**

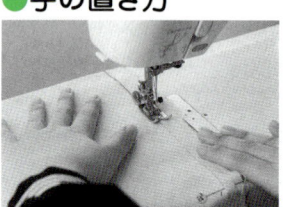

針ぼうの左右手前の布の上に手を軽く置く。

● **ぬうときの姿勢**

針ぼう

針ぼうの正面にすわる。

✚ 安全な作業のポイント

★コントローラーは静かにふむ。
★ぬい終わったらそのたびにコントローラーから足をはなす習慣をつける。
★針をつけるときには、コントローラーから足をはなすことに、特に気をつける。

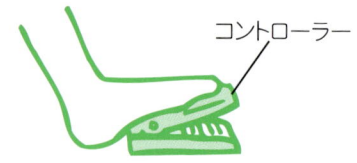

コントローラー

★ミシンを使っている人のそばに寄らない。

「体やミシンには、さわらないこと!」

指導のポイント

・ミシン針は学校で用意して管理しましょう。
　本数の確認ができ、適切な針を用意することによって故障の予防にもなります。

・定期点検をしましょう。
　安全のために、1年に1回は、専門業者に点検を依頼しましょう。

・上糸のかけ方の図を掲示しておきましょう。
　いつでも確認できるようにしておきます。

・授業の前に点検しておきましょう

★針どめとめねじはゆるんでいないか
★差しこみプラグはゆるんでいないか
★針は正しい位置に下りるか
★コードは断線していないか
★かまに糸やほこりがないか
★コントローラーは正しく作動するか

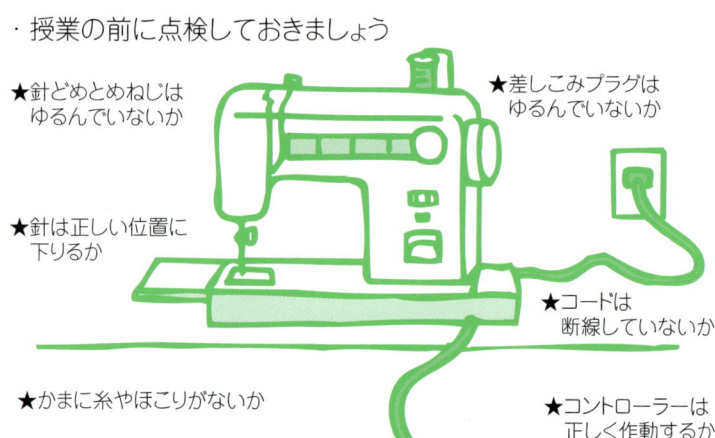

◆アイロンの安全な使い方

アイロンかけの基本

●準備
①アイロン,アイロン台ときりふきを用意し,平らな場所に置く。
②差しこみプラグをコンセントに差しこむ。
③布に合った温度にダイヤルを合わせる。
④アイロンが設定温度になり,ランプが消えるまで待つ。

●作業中の注意
・アイロンは平らなところに置き,立てるか専用の台の上に置く。

●しまうときの注意
・コンセントからはずすときは差しこみプラグを持つ。
・完全に冷めるまで待つ。アイロンをさましていることを表示しておく。
・温度調節ダイヤルを「切」にする。スチームアイロンは,冷ましてから中の水をすべてすてる。

安全な作業のポイント

★作業中はその場をはなれない。（はなれるときはプラグをぬく）
★アイロン台とアイロンを不安定なところに置かない。
★そばに熱に弱いもの（ビニールぶくろなど）を置かない。

やけどに注意！

★スチームアイロンの周囲に手を近づけない。
★高温になっている部分にはさわらない。
★アイロンを手や顔の前に出さない。

指導のポイント

・使う場所は,いつも決まったところ（アイロンコーナーなど）にする。
・教室の電流や電圧の許容量を調べ,許容量を超えないように気をつける。
・家庭科室に救急箱（カットバン,消毒液等）を用意しておく。

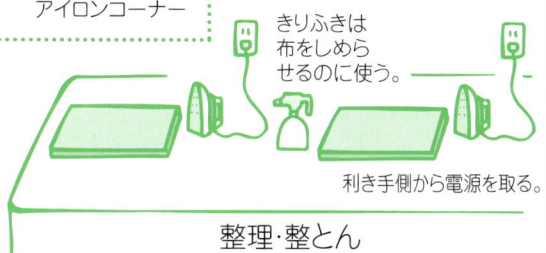

アイロンコーナー
きりふきは布をしめらせるのに使う。
利き手側から電源を取る。
整理・整とん

もし,事故がおきてしまったら

注意していても事故はおきることがあります。各学校にある安全管理の手引に従い手際よく対処することが大切です。

■小さな事故の場合
・養護教諭と連絡を取り,事故にあった児童の応急手当をする。
・授業後は管理職,(担任)と相談のうえ,保護者に連絡する。

■大きな事故の場合
・授業を中断して児童を待機させ,職員室に連絡する。
・子どもの状態により,専門医の診断を受ける。
・校長と相談のうえ保護者には速やかに連絡する。

○今後の対応と報告のため,現場の状況等の記録を残す。
○保護者の心配に対処するため,早めに誠実に説明をする。
○職員会議に報告し,再発防止の対応を協議する。

3 保護者の協力を得ましょう

家庭科だよりを発行する

　高学年であっても,自分のことを自分でできるとはかぎりません。次時の予告とともに「持ち物」を説明していても,いざ当日になると,「先生,○○忘れました」の報告。早めの「お知らせ」で保護者の協力を得ましょう。
　「学級通信」や「学年だより」に「家庭科通信」「家庭科だより」等のコラムを設け,月に一度,少なくとも学期に一度発行しましょう。準備するものと,期日を明らかにしておきます。「お願い」ばかりではなく,学習のようす等を中心に紙面を構成すると,保護者の理解と協力が得られます。また,専科の場合は,独自に「たより」を発行するか,「学級通信」や「学年だより」にコーナーを持たせてもらいましょう。

● 保護者への協力依頼の例

保護者の皆様へ　　　　　　　　　　　　　　　　　　　　　○○○○年4月○日

　　　　　　　　　　　　　　　　　　　　　　　　　　　　○○立○○小学校
　　　　　　　　　　　　　　　　　　　　　　　　　　　　5年○組
　　　　　　　　　　　　　　　　　　　　　　　　　　　　担任(家庭科担当)　△△　△△

家庭科学習について

　5年生への進級おめでとうございます。
　今までの学習を基礎に新しい学習「家庭科」が始まります。(家庭科を担当します△△　△△です。どうぞ,よろしくお願いします。)
　子どもたちが,「やってみよう」「できた!」「なるほど!」ということがたくさんつまった授業にしていきます。
　家庭科は週に一度の授業です。持ち物を忘れずにやる気で臨めるようご協力をお願いします。

Q&A

Q. 製作の前には,どんな準備をしておいたらよいでしょうか?

A. まずはじめに,さいほう箱の用意を促しましょう。4年生の最後の保護者会などでその旨を話しておくとよいでしょう。そうすると,5年生はじめの授業で,「ふしぎな池」(p.18参照)にも取り組むことができます。
　教室の中にさいほう用具を預かるスペースがあれば保管しておくこともよいでしょう。専科なら,担任とよく連絡を取っておきましょう。教科書・ファイル・筆記用具は,家庭科用のふくろを用意して,家庭科室での授業に持参させるようにしましょう。

さいほう用具の準備を

指導のポイント　ワンポイントアドバイス～保護者向けの手紙～

- 保護者が用意するものを連絡する手紙は,誤解を招かないような書き方をしましょう。一括購入を望む保護者もいる一方,強制されるのはいかがなものかと考える保護者もいます。意図が正しく伝わるように工夫しましょう(下記の例参照)。

- 保護者に配布する通信については,必ず管理職の先生に目を通してもらいましょう。また,専科であれば,必ず担任の先生と連絡を取って作成しましょう。
電話での問合せにも対応できるように職員朝会などでも一言報告しておくとよいでしょう。

保護者の皆様へ　　　　　　　　　　　　　　　　　　　　○○○○年4月○日
　　　　　　　　　　　　　　　　　　　　　　　　　　　○○立○○小学校
　　　　　　さいほう用具の注文について　　　5年○組
　　　　　　　　　　　　　　　　　　　　　　担任(家庭科担当)　△△　△△

　担任(家庭科担当)の△△　△△です。5年生への進級おめでとうございます。
5年生になり,新しい教科として家庭科を学びます。小学校の家庭科は,調理や布を使った製作の技術の習得を目的とするだけではありません。毎日の生活を大切にし,自分の生活を見つめ,考え,工夫していける子になってほしいという願いをこめて指導していきたいと思います。どうぞよろしくお願いいたします。
　さて,授業で使うさいほう用具について必要なものをお知らせしますので,ご用意くださるようお願いいたします。さいほう箱は学校で注文することもできますが,空き缶等の利用や,家にあるものの活用をしてくださっても結構です。いずれにしても,自分専用に使えるものを用意してください。

★必ず揃えるもの　　裁縫箱　ぬい針　ぬい糸(赤・白・黒)　針さし　糸切りばさみ　チャコペンシル
★あるといいもの　　たちばさみ　リッパー
(★全員購入するもの　和洋練習布)

学校で注文する場合は,注文用封筒を渡しますので,必要事項を記入して,お金を入れて申しこんでください。どうぞ,よろしくお願いします。

Q & A

Q. 被服製作が苦手です。一人ですべて教える自信がありません。何か,よいアイデアはありませんか。

A. ゲストティーチャーとして,保護者の方に声をかけてみてはいかがでしょう。保護者の中には,製作が得意な方もいるはずです。一か月程度の余裕をもって協力依頼の計画を立て,目的を明確にした「お知らせ」を作成しましょう。
　「お知らせ」で伝えきれない部分については,当日早目に集合していただき,場所を確認したり,助言のしかたを打ち合わせましょう。先生自身が「経験がないから上手にできない」状況であっても一所懸命教えたい,という強い熱意を正直に伝えましょう。きっと,好感をもって協力してくださいます。

④ 製作の基礎的技能

さいほう用具について

実習では,用具が大切です。品質のよい用具をそろえると,作品を能率よく安全に作ることができます。また,長い間の使用に耐えるものは,愛着もわき,使いやすいので,少々価格が高くても結果的に得になります。

用具の管理は,製作を円滑に進めるためだけでなく,安全のためにも必要です。安全チェックカードを作って用具をきちんと管理できるように指導しましょう。

さいほう箱の約束

1. 針の本数を最初に確かめる。
2. 針は,針さしに水平にさす。
3. 針やはさみの刃を人に向けない。
4. さいほうのはさみで,紙を切らない。
5. 糸くずはまとめてしまつする。
6. 使ったあとは,整理する(針の本数を確かめる)。
7. 回りをそうじする。

●児童・生徒向けに配布するカードの例

安全チェックカード 5年　　組　　名まえ	月	日	月	日
	始	終	始	終
短針（　3　）本	3	3	3	3
まち針（　12　）本	12	12	12	11
折　　れ　　針				1
糸切りばさみ				
たちばさみ				

針の安全に注意しましょう。使い始めと終わりには,必ず針の数を数えるようにします。

Q&A

Q. 示範の準備がたいへんです。何を用意すればよいのでしょう。

A. まずは,段階標本を作りましょう。子どもたちが手にとって見られる実物が大切です。地域の研究会で用意し,共有化をはかることも考えられます。

また,ビデオやDVDを見せることも効果的です。この場合,新学期前に時間を作って事前に見ておくだけでも役に立ちます。

カメラの前で示範し,映像をプロジェクターでスクリーンに映すこともよいでしょう。

まず実行させることも大切です。やり方をひと通り説明し,子どもたち自身にやらせてみると,試行錯誤して疑問をもったり理解不足に気づいたりします。このときがチャンスなので,子どもたちに考えさせ,正しいやり方を納得させながら進めましょう。

ポイントを何度でもくり返し見ることのできる「ビデオコーナー」を設けておきましょう。自力解決する喜びも味わわせたいですね。

布のたち方とたちばさみの扱い

①台の上に布を広げます。
②切ろうとするしるしの近くを一方の手でおさえます。
②たちばさみの下の刃を台に置き,持ち上げずに滑らせるようにして,しるしのところを切っていきます。

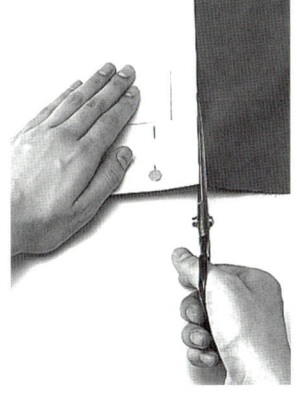

● たちばさみの使用上の注意
・布以外のものは切らない。
・使わないときは,カバーをつける。
・必ず,落ちる危険のない安定したところに置く。
・持ち運びに注意する。
・刃先を人に向けない。手渡すときは特に注意する。

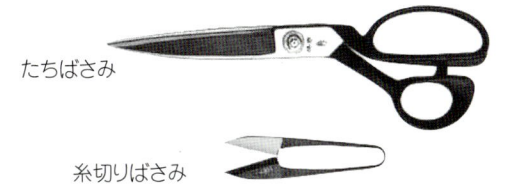

たちばさみ

糸切りばさみ

ぬう姿勢と針の引き方

布から針をぬくときに,針の先を上に向け,力いっぱいに腕を伸ばして引くとたいへん危険です。下左図のように,針先は下に向け,腕は肩よりも上げないようにして,近くにいる人をささないような注意が必要です。糸は必要以上に長くしないようにし,指先でたぐる(手繰)ようにするとよいでしょう。

針先を上にして
引っぱらない

Q&A

Q.製作活動に入ると,個々の質問が多く,対応しきれません。どうしたらよいのでしょう。

A. 前述の「ビデオコーナー」をつくることも有効ですが,ある程度時間が経過したら,再度示範する機会を作りましょう。そのときは,質問が多いことから順に,必要な子どもを集めて行います。
また,進度に開きが出たら,完成に近づいている子どもを「ミニ先生」として活躍させましょう。ミニ先生自身,教えることでさらに理解も深まります。「ありがとう」という言葉かけを忘れずに。

基礎的・基本的な製作技能は,十分に練習を重ねる必要がありますが,技能の習得にだけ固執すると,子どもの意欲の低下を招くので,遊びの要素(p.18「ふしぎな池」など)を取り入れて,楽しく進めましょう。

　「玉結び・玉どめ」は,ぬい始めとぬい終わりの糸がぬけないように,両端に玉を作ってとめる方法です。とめることが目的なので,見苦しくない大きさにします。

玉結び

1

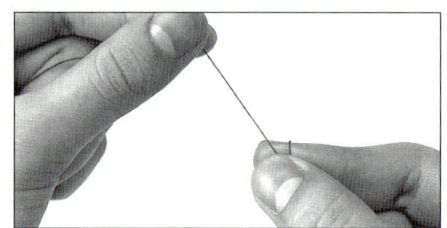

人差し指の先に糸を1回巻く。糸を引っ張り気味にすると巻きやすい。

2

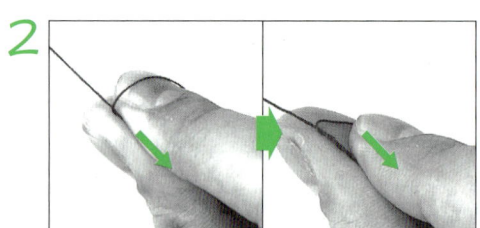

糸を親指でおさえ,人差し指をずらしながら,輪になった糸をより合わせる。

3

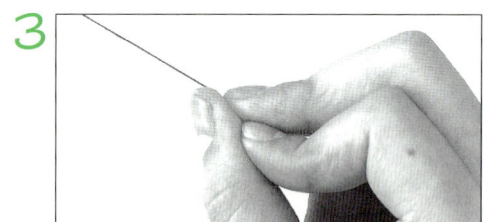

より合わせたところを中指でおさえ,糸を引く。

4

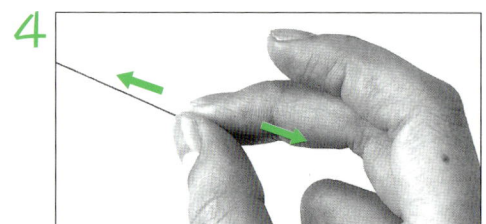

親指と中指の間に玉どめができる。
玉先の余分な糸は,玉結びから1mmで切る。

玉どめ

1

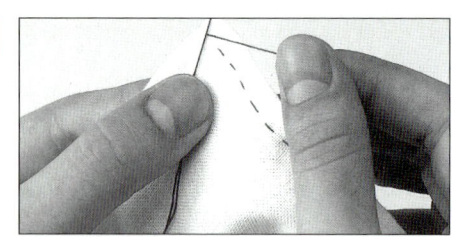

ぬい終わりに針をあて,親指と人差し指でしっかりおさえる。※

2

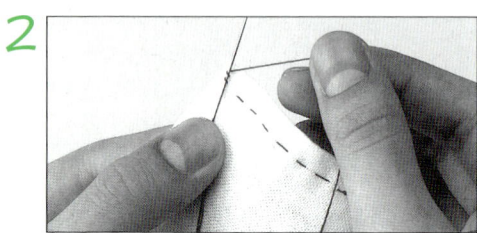

針をしっかりおさえ,2回くらい糸を巻く。※

3

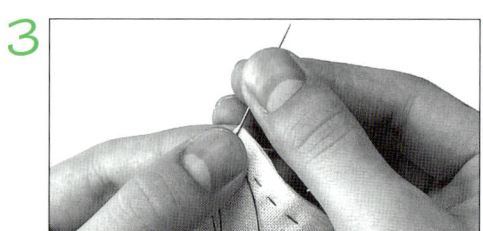

巻いた糸をぬい終わりに寄せて指でおさえ,針を引きぬく。

4

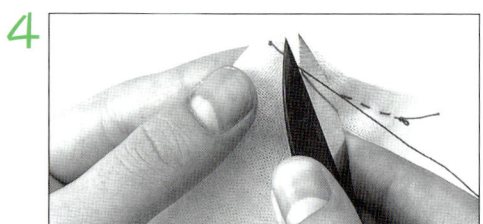

糸はしを少し残して切る。

(※写真は,糸を巻きつけるようすを示すために指の位置をずらして撮影してあります。)

「返しぬい」は一針ずつ返しながらぬうので、うらで糸が重なるため、ぬい目をじょうぶにする場合などに使います。

なみぬい

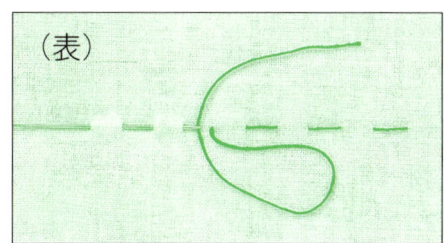
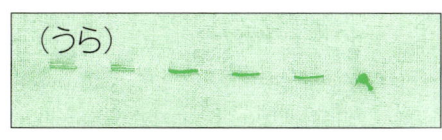
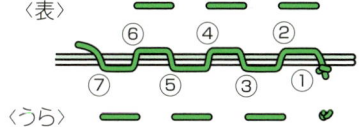

返しぬい

本返しぬい

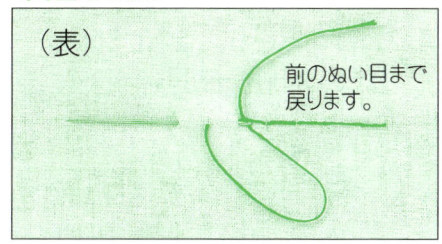

前のぬい目まで戻ります。

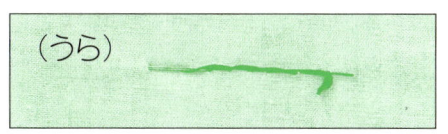
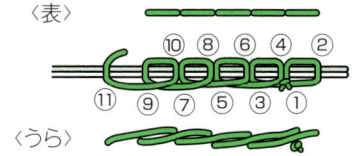

半返しぬい

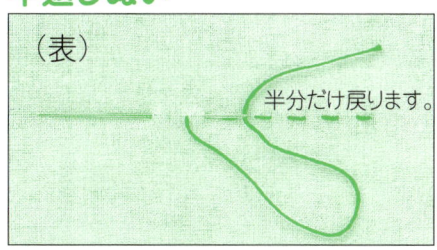

半分だけ戻ります。

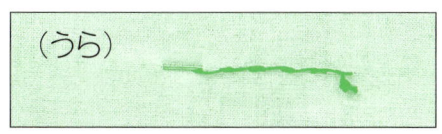
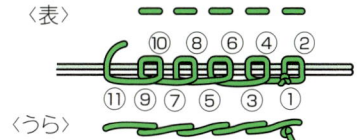

かがりぬい

2枚の布の回りをぬい合わせる方法の一つです。ししゅう糸や太い糸、色糸などでかがるとアクセントになり飾りとしても楽しめます。布のたち目がほつれないようにとめるときにも使います。

向こう側から手前へと針をさす

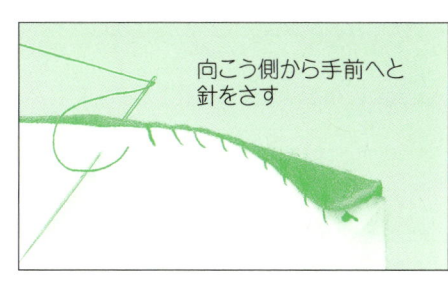

ボタンつけ

授業のときは,衣服を使った補修の実習は難しいので,小物などの作品作りを通して,練習を重ねるとよいでしょう。

ここでは1本どりの糸で示していますが,2本どりでもよいでしょう。

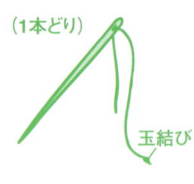
（1本どり）　玉結び

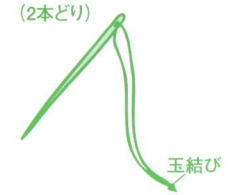
（2本どり）　玉結び

1
つける位置に針を出し,ボタンの穴に針を通す。

2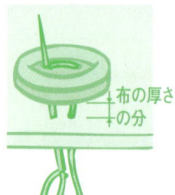
布の厚さを考えて,ボタンを布から3〜4mmうかすようにして,3〜4回糸をかける。

3
ボタンと布の間に針を出す。

4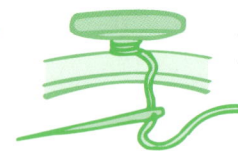
ボタンと布の間に糸を3〜4回巻く。

5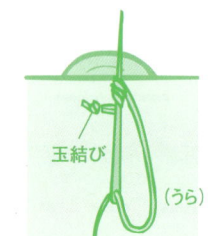
針を布のうらに出し,玉どめを作る。

まつりぬい

すそやそで口のほころびを直す場合によく使われる補修などの技能です。

1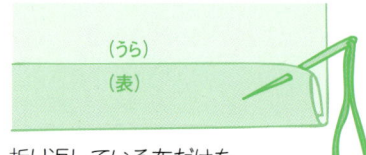
折り返している布だけを1mmぐらい,針ですくいます。

2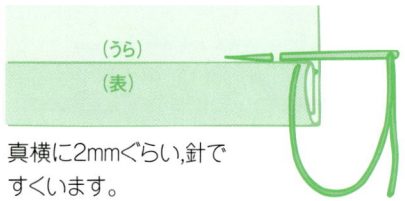
真横に2mmぐらい,針ですくいます。

3
斜めに布を1mmぐらい針ですくいます。

4

第2章
布を使った製作のポイント

① ふしぎな池 〜玉結び,玉どめの練習〜

製作時間 ❹ 時間

製作の基礎的な技能の玉結びを学んだら,これをおたまじゃくしに見立て,自分なりの池に泳がせてみましょう。
楽しみながら技能の定着をはかる導入の作品です。

材料 ◆画用紙(B5判) ◆色えんぴつ ◆手ぬい糸(黒など) ◆セロハンテープ

用具 ◆さいほう用具

作り方
①画用紙に色えんぴつで池をかく。
②たくさんの玉結びを作る。
③池に玉結びを泳がせ,セロハンテープではる。
④名まえのぬい取りをする。

玉結びのポイント
①糸のはしをもってしっかり人さし指に巻く。
②人さし指は一方通行で動かす。
③糸を引くときは中指でしっかりおさえる。
④できた後,余分な糸を切る。

（板書の例）

玉結び

自分でネーミングした池の中に,作った玉結びを泳がせます。玉結びをはり,できあがりをすぐ教室内に掲示すると,子どもたちは意欲をもって楽しく学習できます。

⇦ 玉結び,玉どめ p.14参照

玉結び　指導のポイント

①題材名を工夫して子どもたちが「あっ,おもしろそう,わたしもやってみたい」と思わせる工夫が必要です。
・一人ひとり,池を作っておたまじゃくしを作ろう→玉結びをセロハンテープではります。
・クラスで大きな池を作り,みんなが作った玉結びをはります。
②はっきりした目的意識をもたせます。
・今日の授業の中で玉結びの名人になるように話します。
・たくさん作ることばかりがよいのではなく,一つでも自分の納得のいくように作れるとよいことを話します。

③実際にやっているところを見せます（ビデオ,実物）。
・最初だけ見せて全員でやってみます。
「まずやってみよう」,すでにできる子どもがいたら,グループの中で見せ合ったり,教え合ったりします。教科書を見て,理解させてやってみるのも一つの方法です。指の動きをより強調して見せると,子ども自身がポイントに気づくことがあります。

玉どめ

針の形を観察させ,それが布のどの位置に置かれ,どのように糸が巻かれるか関心をもって見るような教材の工夫をします。

玉どめのポイント
①糸の出ているところに針をおく。
②布から糸の出ているところに巻く。
③指でしっかりおさえて針だけぬく。

玉どめ　指導のポイント

玉がぬい終わりから遠くにできてしまうことがよくありますが,何回もくり返し練習して覚えること,理屈でなく,とにかく自分で何回もやってみること,これが一番です。

糸が短くなってしまった場合は,玉どめはできないので,針をぬいて,結び玉を作ります。
糸が短くなる前に玉どめをするように指導しましょう。

② 名まえワッペン 製作時間 2時間

玉結び,玉どめと名まえのぬい取りだけでできる作品です。自分の持ち物につけると,移動教室などに出かけるときに役に立ちます。

材料 ◆フェルト　◆手ぬい糸(色糸)適量　**用具** ◆さいほう用具

実物大　　　　　　　　　　　　　　　　作り方

玉結び
玉どめ

① フェルトに型紙を置き，チャコえんぴつで形を写してフェルトを切る。
② 名まえのぬい取りをする（下書きをしておく）。
③ 目と鼻の穴をつける（玉結びと玉どめ）。

のんびりカバさんの名まえワッペン

ぬうときのポイント

針と糸に慣れるための第一歩の作品。
フェルトを楽しい形に切ったワッペンを作りましょう。
覚えたての玉結び・玉どめを使って名まえのぬい取りをします。

かんたんですが「できた！」という達成感を味わえる作品です。自分の作った作品に，安全ピンをつけると，名札としても活用できます。

名まえのぬいとり

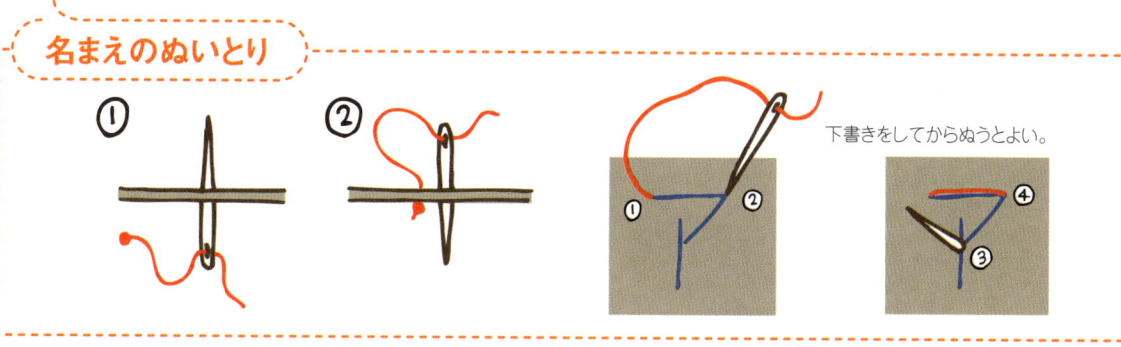

下書きをしてからぬうとよい。

資料

自由な形で作ろう。こんな形はどうですか。

四つ葉のクローバー
ユニホーム（背番号もつけよう）
へびさん

切りこみを入れて頭を通すと，かばんなどの持ち手につけられます。

フェルトは，むだなく使いましょう！

③ フェルトを使った共同作品

製作時間 **3** 時間

玉結びや玉どめ,名まえのぬい取りなどの練習をして,みんなの作品を集合させて,共同作品にしてみましょう。友だちの作品と合わせて,一つの大きな作品に仕上げる喜びを味わえるようにしましょう。展覧会や学習発表会におすすめです。

(1) 一人ひとりの作品

①ワッペン 実物大

どこかにボタンをつけてもよい。

- 色ちがいのフェルトを手芸用ボンドではり,2枚を合わせる。
- 名まえのぬい取り。
- 好きな絵やもようを,フェルトで作り,手芸用ボンドではりつける。

②星 実物大

- 玉結び・玉どめの練習。(2色くらいのぬい糸で)
- 名まえのぬい取り。

材料 ◆フェルト ◆手ぬい糸 ◆手芸用ボンド
用具 ◆さいほう用具

（2）共同作品にした例

みんなのワッペンを合わせて大きなくじゃくに。

ワッペンは色とりどりにしましょう。感動する美しい作品に。

みんなの星を合わせて「銀河鉄道の夜」に。

飾り方次第でこんなに大きな作品に。

友だちの作品と合わせて作ることのよさを，子どもたちに伝えましょう。

P.52参照

④ マスコット　製作時間 ② 時間

針と糸に慣れてきたら、マスコット製作に挑戦です。
まわりをぬって、綿（わた）を入れると、立体のマスコット。
子どもたちは大喜びで、その笑顔はすてきです。

材料 ◆フェルト　◆手ぬい糸　◆綿（わた）　**用具** ◆さいほう用具

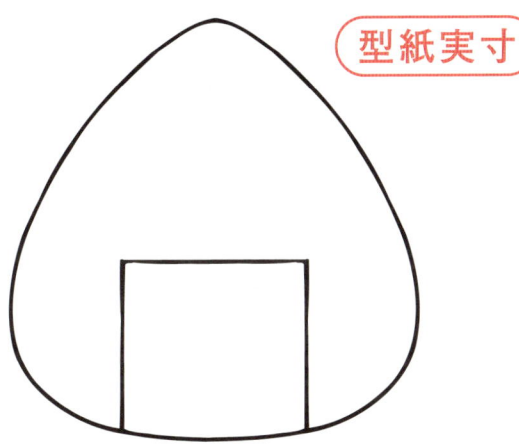

型紙実寸

作り方

1.
おむすびの型紙を作り,フェルトの上にのせ,チャコえんぴつでりんかく線を写します。フェルト2枚をたちます。

2.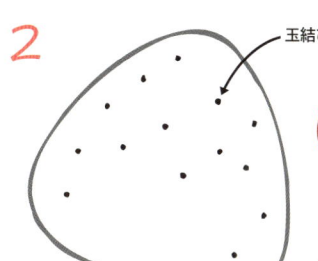
玉結び,玉どめ

もう1枚に名まえのぬい取りをしても楽しいですね。

1枚には,玉結び・玉どめでごまをつけます。

3.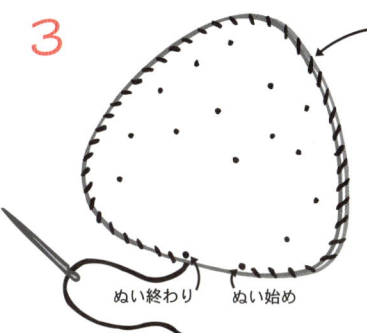
かがりぬい

フェルトを2枚重ねて,下の部分(4cmくらい)を残してまわりをかがりぬいします。

ぬい終わり　ぬい始め

かがりぬい　P.15参照

4.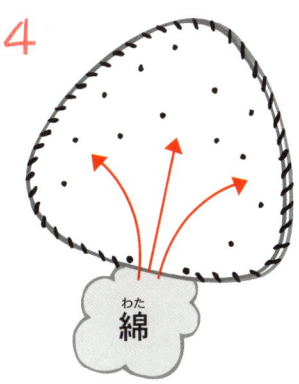
綿(わた)

ぬい残した部分から,綿を入れます。入れたら,かがりぬいをして,とじ合わせます。

5.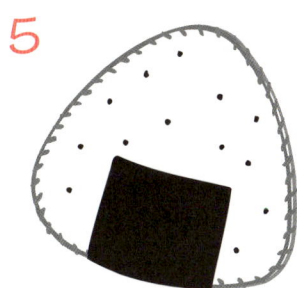
お好みの大きさの「のり」(黒フェルト)を巻いて,できあがり。
「のり」は手芸用ボンドでとめても,かがりぬいをしてもよいです。

自分だけのおむすび！

ぬうときのポイント

2枚の布をぬい合わせるときには,かがりぬいをします。ブランケットステッチを使ってもよいです。

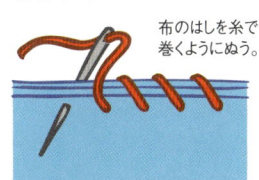
かがりぬい
布のはしを糸で巻くようにぬう。

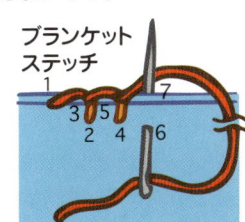
ブランケットステッチ

P.15参照

かがりぬいが上手にできないときは？

「いつも針を向こう側から手前にさしましょう」この一言がポイント。

Q&A

Q.型紙をフェルトに写すのが大変です。しかも2枚も写すなんて！

A.型紙は工作用紙などの厚紙で作ります。これをフェルトに乗せれば,待ち針なしで簡単にチャコえんぴつで写しとれます。

参考作品

25

⑤ ポケットティッシュケース

製作時間 ❷ 時間

早く作品ができたけれど，ミシンはまだだれかが使っている。そんなとき，2本の手ぬいをすればできる作品を作って待っていましょう。おさえるべき基本がたくさんあって，本当は，一斉にやりたいものですね。

材料 ◆14cm×27cmの布
（綿などぬいやすい布）
◆手ぬい糸

用具 ◆さいほう用具

教師が用意するもの ◆9cm×20cmくらいの型紙
（真ん中に線を引いておく）

ぬうときのポイント

①型紙を用意すると，あとの作業が楽になります。
②しるしはうらにつけましょう。布をむだに残さないように考えましょう。
③はさみは，最後まで閉じないで，続けて切っていきます。
④折り目をぴしっとさせたいときは，親指のつめの縁を使ってくせをつけます（指アイロン）。
⑤まち針のとめ方はぬうところからさして，ぬう方向に直角に針先を出します。
⑥ぬいしろは1cmから1.5cmくらいがよいです。
⑦玉結び・玉どめの復習になります。
⑧ぬい目は4mmから5mmくらいの大きさにします。
⑨真ん中の取り出し口は，離れないように一針返しぬいをします。
⑩表に返すときは，角の形をきちんと出すようにします。

作り方

1
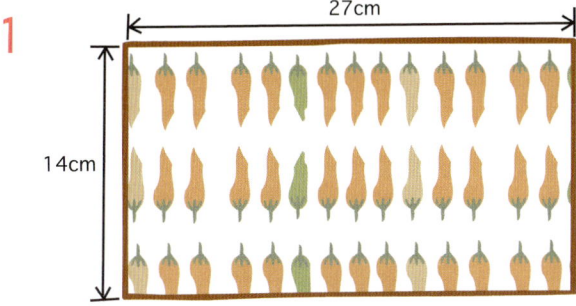
14cm×27cmに布をたちます。

2
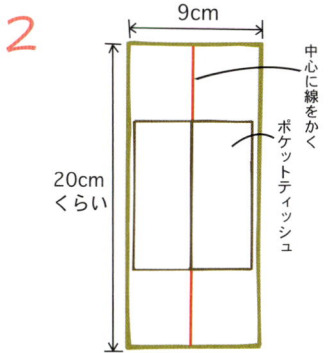
厚紙でティッシュの幅に合わせて
たて長の型紙を作ります。

3
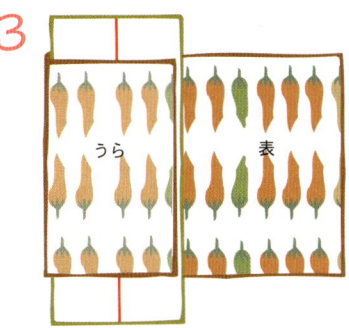
表が見えるように布を広げ,中央に型紙を置きます。
型紙のはしに合わせて布を折ります。

4
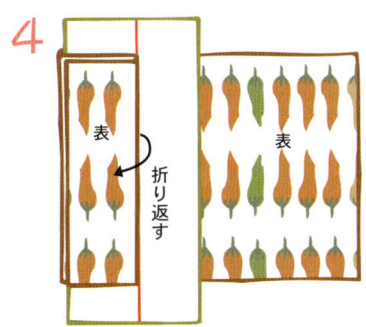
布を半分に折り返します。

5

両側とも折り返し,
指アイロンで折り目をピシッとさせます。

6

真ん中の折り目を2〜3mm重ねてまち針でとめます。
セロハンテープを使ってとめてもよいです。

7
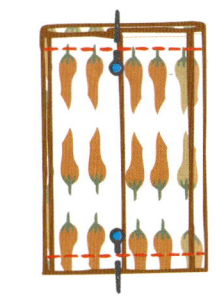
上下に,ぬいしろ1cmのしるしをつけます。

8
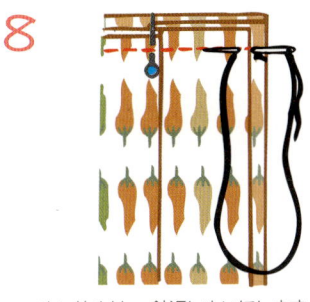
ぬい始めは,一針返しぬいにします。

9

真ん中も力がかかる部分なので
返しぬいにします。

10
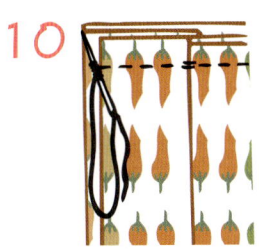
ぬい終わりも,一針返しぬいをします。

11
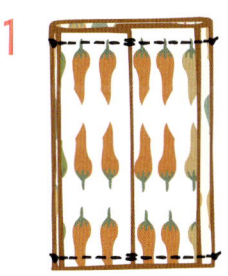
両端をぬい終わったところです。

12

ぬい目の内側を折って指アイロンをかけ,
表に返します。

⑥ キャップの針さし

製作時間 **2** 時間

ちょっとした時間に。バザーに。
たくさん並べて文字にしても…

☆1時間ちょっとで作品が完成するので,楽しいです。
☆子どもの技能が,大体つかめます。
☆ぬい目をしぼる技術が身につきます。

材料	◆ペットボトルのキャップ ◆8cm四方の布 ◆手ぬい糸　◆綿（わた）
用具	◆さいほう用具

教師が用意するもの
◆直径7cmの型紙
型紙のめやすはセロハンテープの内径を使うと,7.5cmくらいになります。用意する布は,5mmくらいのぬいしろが必要なので8cm四方用意すればよいでしょう。
◆手芸用ボンド（または両面接着テープ）

ぬうときのポイント

- しるしは,いつでも布のうらにつけるようにします。
- ぬい目をしぼるときに力がかかるので,太めの糸でぬったり2本どりでぬったりします。
- ぬい目の大きさは,できるだけ細かくします。
- さしぬいになってしまう子どもには,一針ずつすくい上げてぬうように指導しましょう。

※小さくてすぐできますが,布をぴんと張るのが難しいので,布を使った物づくりに少し慣れてからがよいでしょう。

「綿を入れるのに,布が2枚なくて,はさめるんですか？」と聞かれました。平らな布をしぼって立体にする,というのは,経験してわかることのようですね。

作り方

1

布に型紙を置いてしるしをつけます。

2
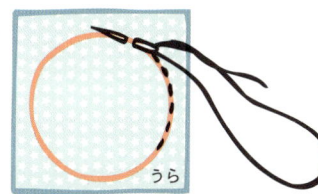
玉結びが表にくるようさし始めて、小さいぬい目のなみぬい（ぐしぬい）で一周します。

3
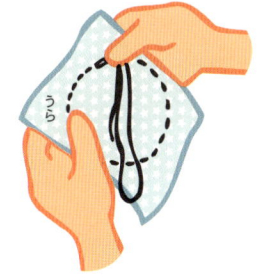
一周したら、針を表に出しておきます。

4

角を切り落としておきます。

5

糸を引きしぼります。

6
しわがかたよらないように調節します。

7

布が丸くなってきたら綿を入れ、糸を引いて口を締めます。

8
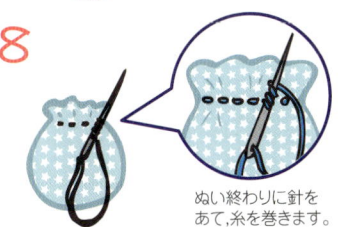
ぬい終わりに針をあて、糸を巻きます。
ここまで針をつけたまま作業をし、針に糸を巻き、玉どめをします。

9
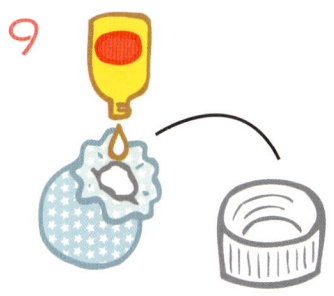
手芸用ボンドをつけてキャップにはめこみます。キャップの内側に両面接着テープをつけてもよいです。

さしぬいからなみぬいへ

フェルトは厚みがあるので、ぬうときさしぬい（針を1回ずつうらに引き出してぬう）をすることになります。
続けてぬうなみぬいにならなくても、表だけ見て、一針はすくい上げる練習をしましょう。ピンや針で名札をとめるときなど、これができないと、つきさすだけですぐ抜けるとめ方しかできなくなってしまいます。
ぬいたい線の右と左に親指の先を向かい合わせるようにして布を持つことができれば、そこに針をはさむだけでよいので上達は早いでしょう。

→ P.15参照

応用例

リボンでおしゃれをする。
キャップの幅に合ったリボンなどを巻く。

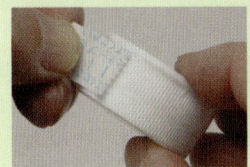
両面接着テープをつける。

リボンを巻く。

リボンのはしを両面接着テープでとめる。

磁石を入れた針さし

ミシンのそばにまち針が置きっぱなしになっていませんか？
キャップの底に磁石をはめ込んでおくと、ミシンなどにつけておく針さしができます。
（磁石は両面接着テープでつける。）

⑦ ふくろうのお手玉

製作時間 ❹時間

端切(はぎ)れで作る
お手玉 梟(ふくろう)ちゃん

不用になった衣服やはぎれを利用してつくってみましょう。
家族や地域の人へのプレゼントにするなどして、人とのふれあいに活用できますね。

材料
- ◆はぎれ（がら物と無地）
- ◆手ぬい糸（白・黒）
- ◆木製ボタン（1.5cm）4つ穴のもの2個
- ◆動眼（1cm）2個
- ◆フェルト（黄色）　◆手芸用ボンド
- ◆数珠玉（じゅずご）またはペレット

用具
- ◆さいほう用具
- ◆型紙
- ◆筆記用具

実寸

木製ボタン
1.5cm　2個

動眼
1cm　2個

フェルト
目
1.8cm　2枚

フェルト
口ばし
0.8×1.8cm　1枚

型紙実寸

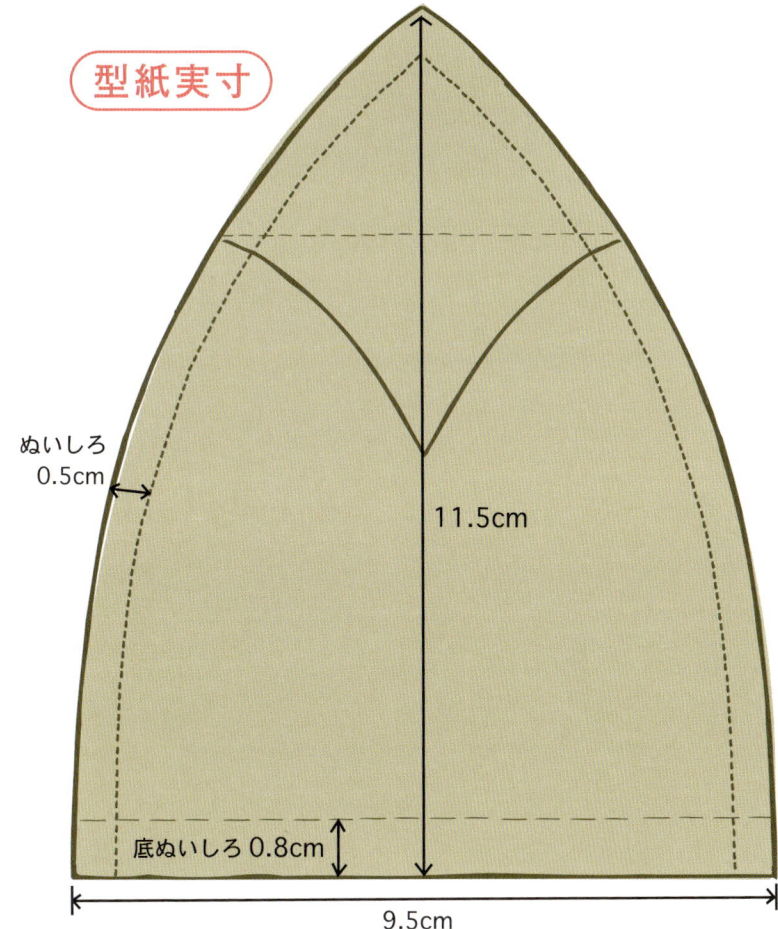

ぬいしろ 0.5cm
11.5cm
底ぬいしろ 0.8cm
9.5cm

作り方

1

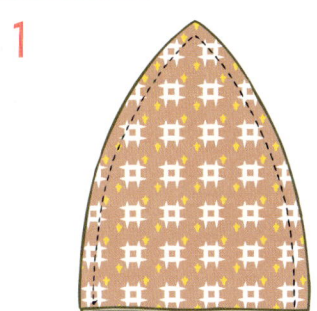

がら物と無地を内側に表どうし合わせてぬい合わせます。

2

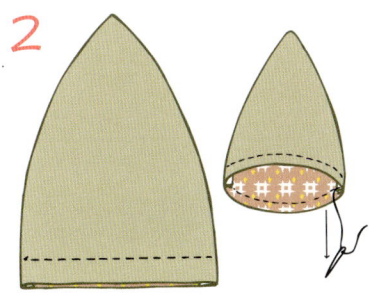

うら返して形を整える。
内側に折り目をつけてぬいます。

3

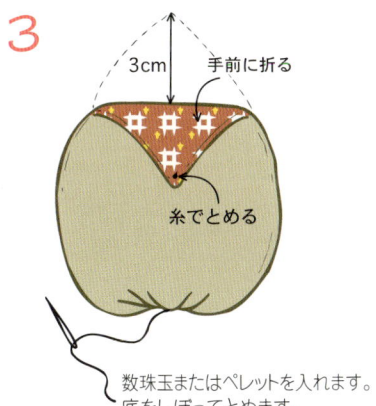

3cm
手前に折る
糸でとめる

数珠玉またはペレットを入れます。
底をしぼってとめます。

数珠玉（じゅずご）

4

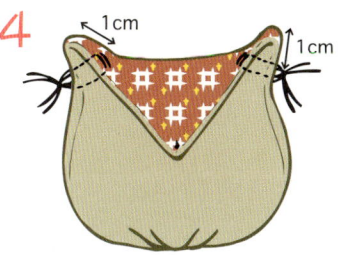

1cm　1cm

耳を黒糸2本取りでしばり糸はしを残します。

5

目と口ばしを
ボンドで
はります。

黒糸2本取り
でボタンを
ぬいつけます。

⑧ 布のボール　製作時間 5 時間

身近にある材料（フェルト）を利用して,安全で幼児も楽しめるおもちゃです。つくったボールで幼児とふれあってもいいですね。

| 材料 | ◆フェルト（7cm×7cm）12枚（6色×2枚）
◆綿　◆手ぬい糸　◆厚紙 | 用具 | ◆さいほう用具 |

作り方

1. 厚紙で一辺が4cmの正五角形の型紙を作ります。

2. 型紙に合わせて6色のフェルトを2枚ずつ正五角形に切ります（12色のフェルトでもよいです）。

3. 正五角形の各辺に色の配置を考えて置きます。

4. ボールの底側6枚と、ふた側6枚を別々にかがりぬいします。

　かがりぬい　P.15参照

五角形の布を
そのまま続けてぬっていくと、
最後に形が合わないこともあるので、
6枚ずつまとめたものを
ぬい合わせます。

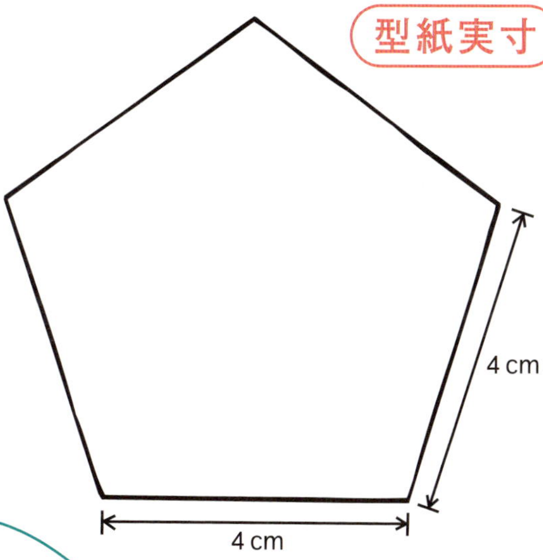

色の配置の例
※自分の好きな配色でよいです。

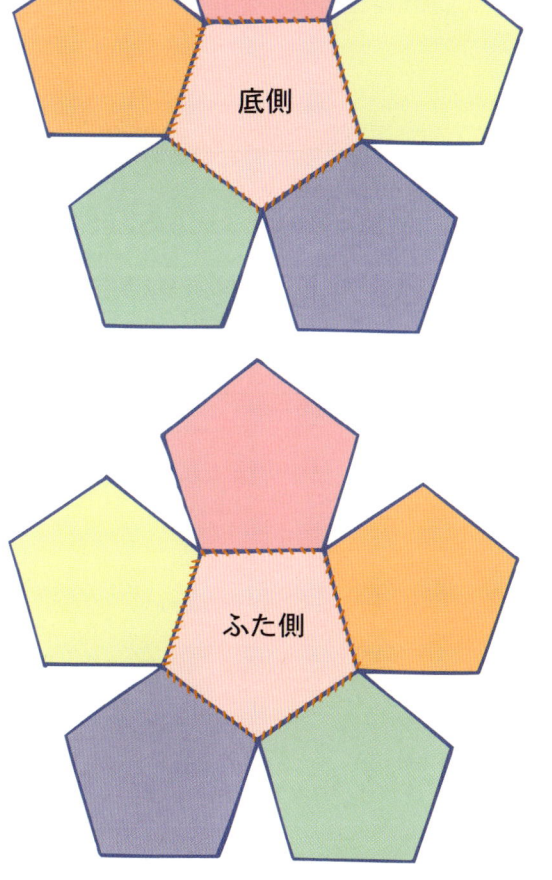

5.

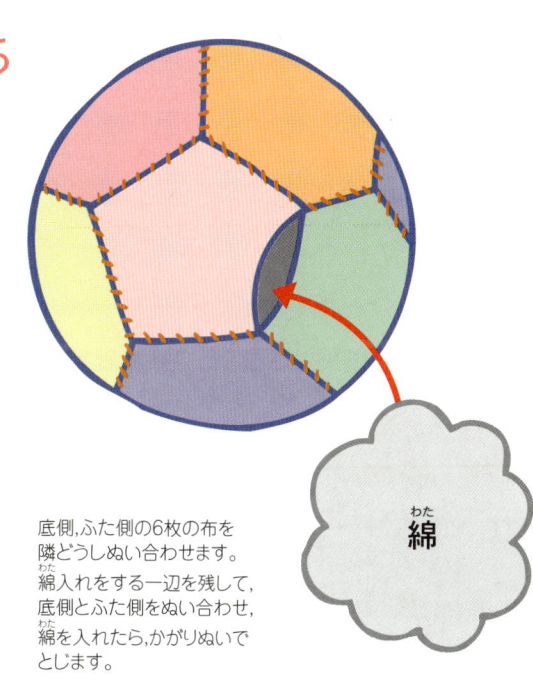

底側、ふた側の6枚の布を
隣どうしぬい合わせます。
綿入れをする一辺を残して、
底側とふた側をぬい合わせ、
綿を入れたら、かがりぬいで
とじます。

綿（わた）

型紙実寸

4 cm

4 cm

33

⑨ ランチョンマット

製作時間 ❷時間

「ミシン」の学習,「生活に役立つもの」などで扱う代表的な直線ぬいの作品。2枚の布を中表に重ねてうらからぬって表に返します。
長方形でも正方形でも,大きくても小さくても作り方は同じ。マスターしておくと応用がききます。

材料 ◆表用布　うら用布　◆型紙用の紙　◆ミシン糸
（学校の机の大きさは、約40cm×60cmで,それを基準にして決めるとよい。）

用具 ◆さいほう用具　◆ミシン　◆アイロン

資料

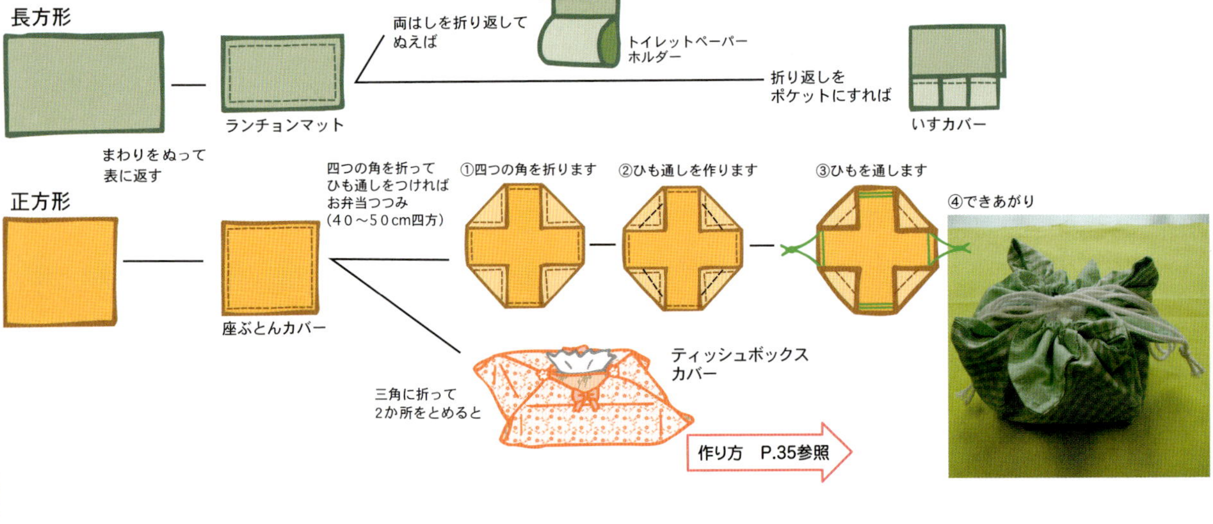

長方形

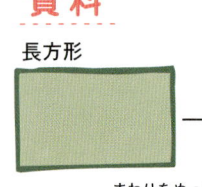

ランチョンマット

両はしを折り返してぬえば → トイレットペーパーホルダー

折り返しをポケットにすれば → いすカバー

正方形
まわりをぬって表に返す

座ぶとんカバー

四つの角を折ってひも通しをつければお弁当つつみ
（40〜50cm四方）

①四つの角を折ります
②ひも通しを作ります
③ひもを通します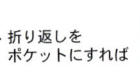
④できあがり

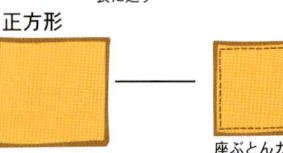

三角に折って2か所をとめると → ティッシュボックスカバー

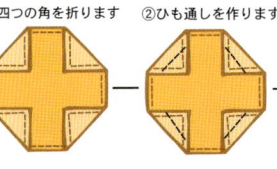 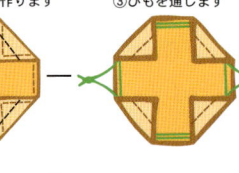 

 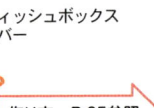

作り方　P.35参照

作り方

1
型紙

布のうらにできあがり線を書きます。

2
返し口 15cm

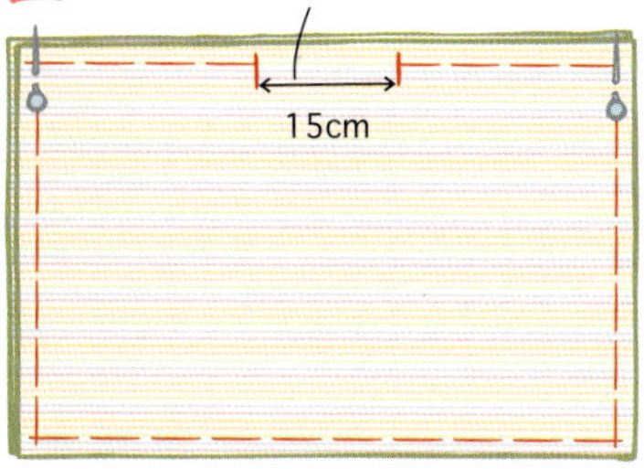

返し口（あき）を決めます。
角は必ず直角にぬっておきます。
返したあと、かがりやすくなります。

3
返しぬい

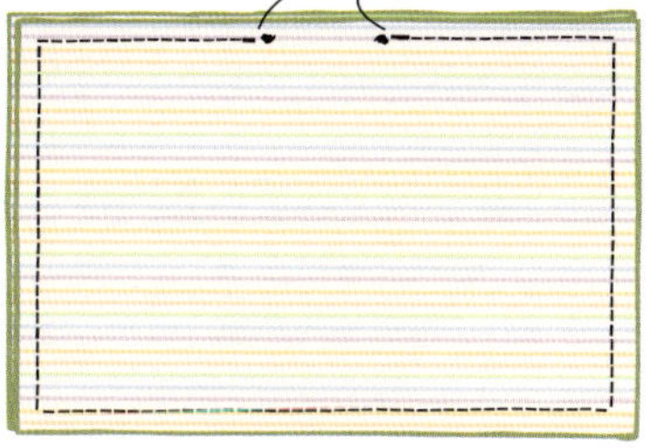

ぬい始めとぬい終わりは、
返しぬいにして、一周します。

4
ぬい終わったら、角のぬいしろを切り落とします。

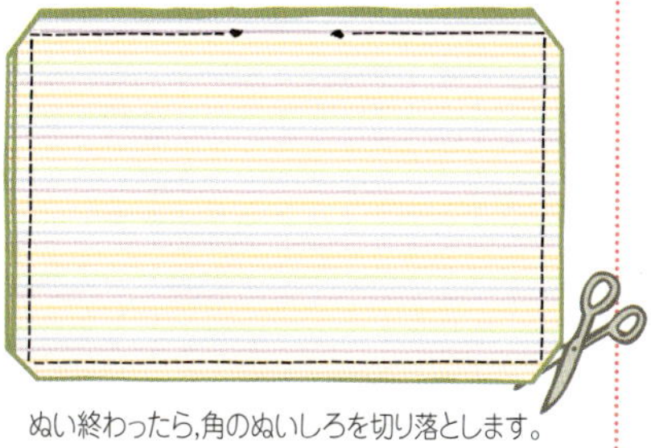

5
ぬい目を折って、アイロンをかけます。

6
返し口から手を中に入れておき、
角のぬいしろを指でおさえたまま
表に返します。

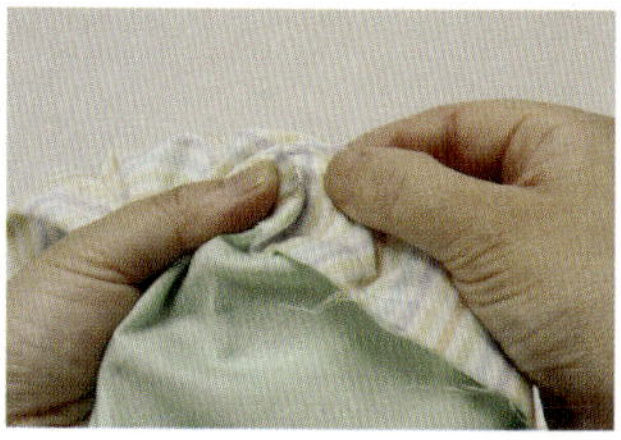

7
形を整えて、はしぬいをします。

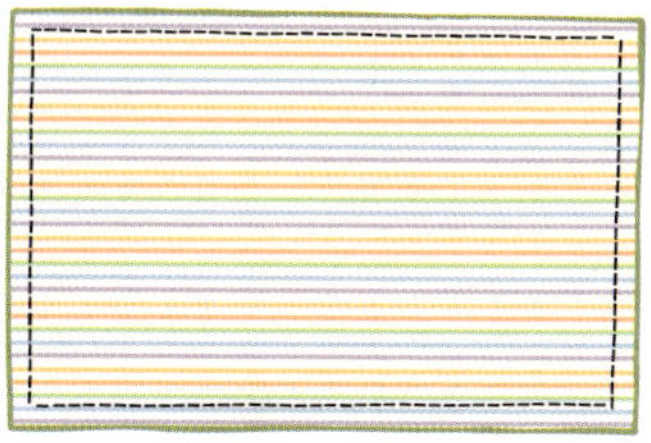

参考作品

ティッシュボックスカバー

できあがり35cm四方で作ると、ボタンでとめるティッシュボックスカバーができます。

ボタン
ボタンをつけるとき、足のない場合は、0.5cmくらい糸足をつける
10cm
10cm
一点を返しぬいでとめます
ボタン

ボタンの直径は、1.5〜2cm
糸足
ボタンつけ P.16参照

糸でとめた部分にボタンをかけるだけで使えます。

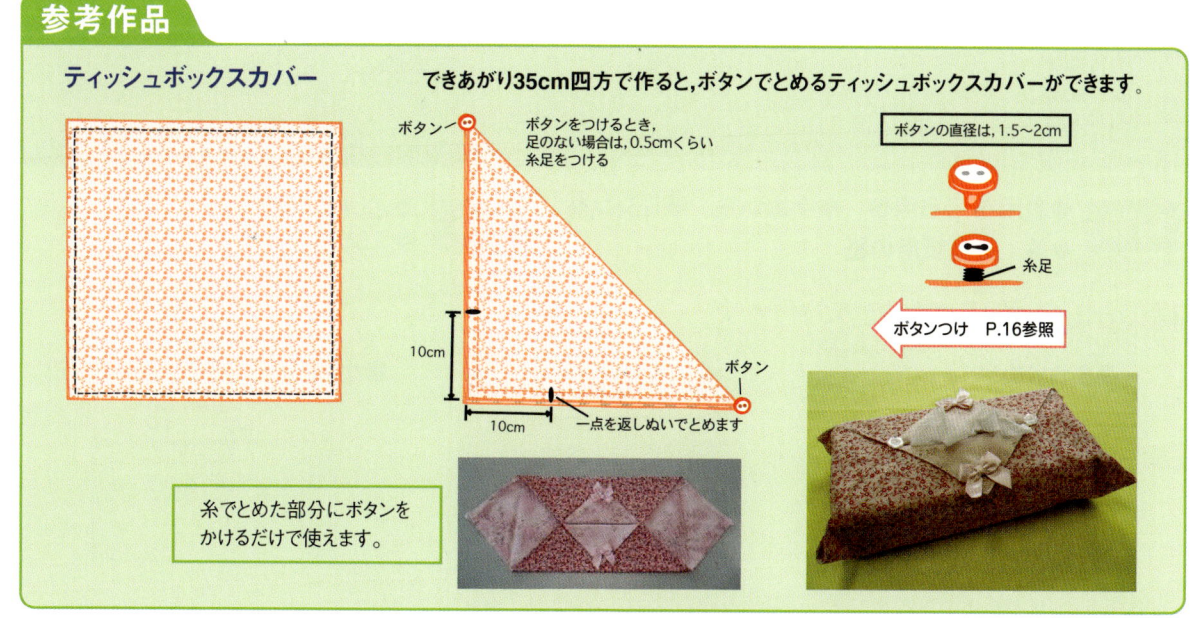

⑩ 星のクッション

製作時間 ❹ 時間

「生活に役立つもの」の人気者クッション。うらからぬって表に返す方法を学ぶと、好きな形を作ることができて、創意工夫の宝庫になります。

材料 ◆表用布 うら用布 ◆手ぬい糸 ◆ミシン糸 ◆綿 ◆型紙用の紙

用具 ◆さいほう用具 ◆ミシン

綿の出し入れ口のしまつのしかた

●まつりぬい

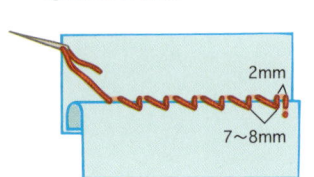

●コの字とじ

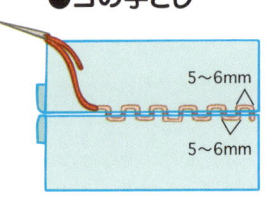

●小さいぬい目のかがりぬい

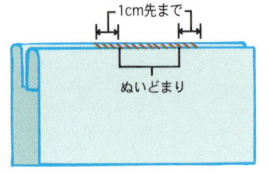

※手ぬいはひと針ずつていねいにぬいます。

作り方

1 できあがりの大きさ

ぬいしろ1cmのしるしをつけて、型紙を作ります。

2 （うら）

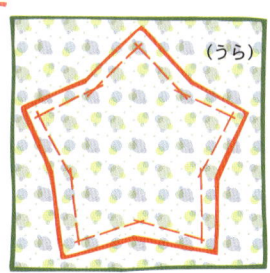

布のうらに、型紙をあてて、しるしをつけます。

3

2枚の布を中表（布の表面を内側に合わせること）にして重ね、まち針で動かないようにとめて、外側の線にそって切っていきます。

4 出し入れ口

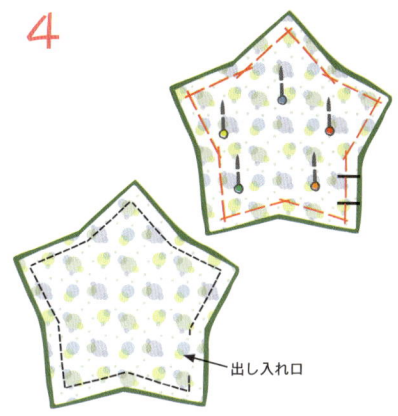

あとでかがるときに目立たない場所の直線の一部を、綿の出し入れ口と決めて、ぬわないようにします（角は、必ずぬう）。ぬい始めと終わりは返しぬい。（綿の出し入れ口を残してぬう。）

5

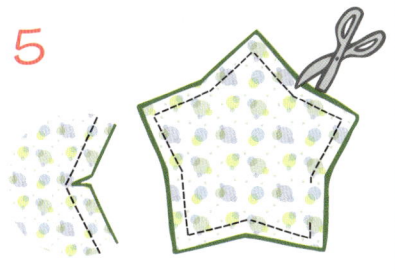

へこみの部分に切りこみを入れます。

6

とがった部分を切り取って、綿の出し入れ口から表に返します。

7

綿をつめるときは長い棒などを使って、先の方からつめていきます。

8 出し入れ口

つめ終わったら、綿の出し入れ口をかがります。

9

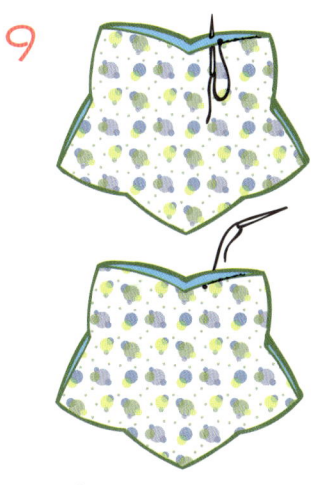

最後に玉どめをしたら、とめたところから針を入れ、少し離れたところで糸を切ります。

指導のポイント

切りこみを入れないと、表に返したときにつれてしまいます。

切りこみを入れた作品

切りこみを入れていない作品

参考作品

安眠用まくら

37

⑪ きんちゃくぶくろ 　製作時間 ５時間

子どもたちの毎日の生活の中で使うことの多いふくろです。
出し入れ口に左右からひもを通して引き締めるので、使いやすく、安定します。
布の形によっては、横長でも、たて長でも作ることができます。たて長形はナップザックなどへの応用ができます。

材料　◆綿やポリエステルなどの布。
　　　　　大きい形にするときは、
　　　　　やや厚めのほうがじょうぶ。
　　　　　布の大きさは、できあがりの長さの
　　　　　２倍に12cm加え、幅は4cm加える。
　　　　◆丸ひもは150cmくらい。
　　　　◆手ぬい糸　ミシン糸　（しつけ糸）

用具　◆さいほう用具　◆ミシン

ぬうときのポイント

・物を出し入れして、持ち運ぶものなので、じょうぶにぬうことを心がけます。

・じょうぶにぬう方法は、手ぬいは半返しぬいや本返しぬい、ミシンは返しぬいをします。

・ひも通し口は、ひもが2本はいる幅とひも通し口をぬうための余裕が必要です。3cmの幅があると10mmくらいの丸ひもでも対応できます。

作り方

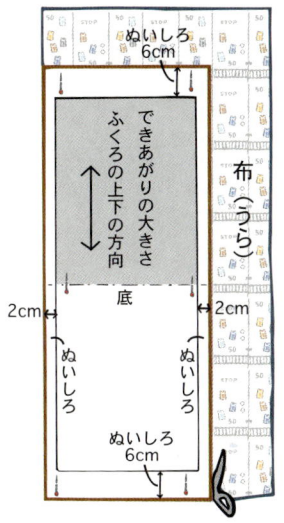

1

ぬいしろ 6cm
できあがりの大きさ
ふくろの上下の方向
底
2cm　2cm
ぬいしろ　ぬいしろ
ぬいしろ 6cm
布（うら）

できあがりの大きさにぬいしろをつけて布をたちます。

2

口あき
口あきどまり
出し入れ口
ぬい始め（返しぬい）
布（うら）
＊しつけ
ぬい終わり（返しぬい）
（わ）

口あきどまりから、底までぬいます。
ぬい始めとぬい終わりは返しぬいをします。

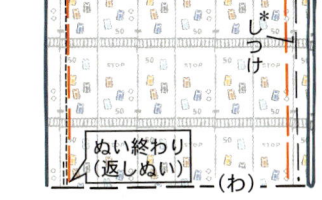

＊しつけ
布がずれないように、かりにしつけ糸でぬい合わせることです。

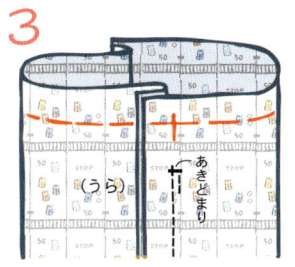

3

（うら）
あきどまり

わきのぬいしろを片側にたおします。

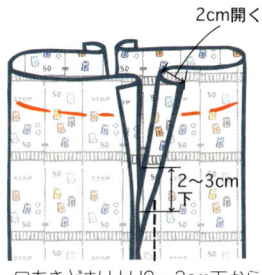

2cm開く
2〜3cm下

口あきどまりより2〜3cm下からぬいしろを斜めに折ります。

4

（うら）　（うら）
口あきどまり

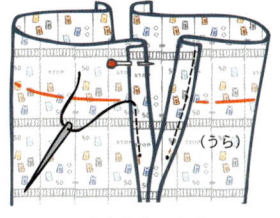

口あきをぬいます。

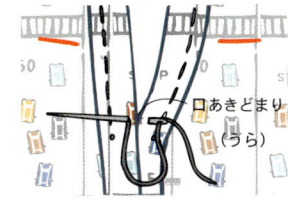

口あきどまりを2,3回返しぬいします。

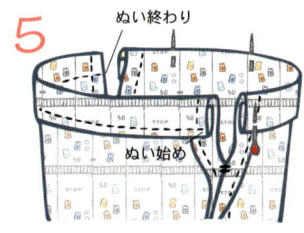

5

ぬい終わり
ぬい始め

ひも通し口を三つ折りにしてぬいます。

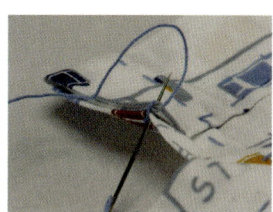

ひも通し口をじょうぶにぬいます。

三つ折りのしかた

①布はしを、できあがり線に合わせて折ります。

できあがり線のしるし

②できあがり線で折って、折り目をしっかりつけます。

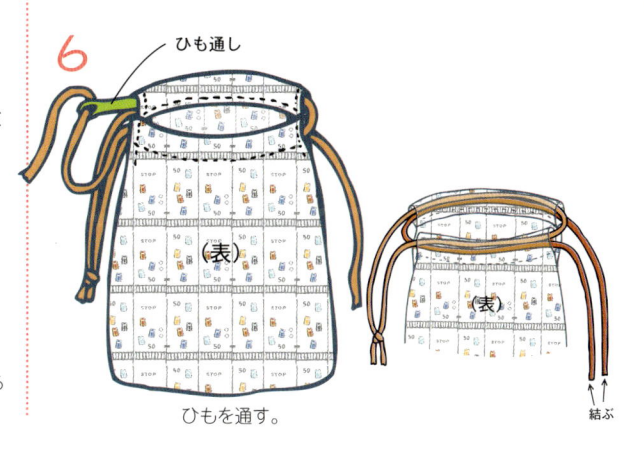

6

ひも通し
（表）
（表）
結ぶ

ひもを通す。

Q&A

Q. 口あきがうまくぬえない子どもがいます。どうしたらいいでしょうか。

A. 細くて斜めに開いているので、ぬいにくい部分です。口あきが3cmくらいなら、ぬわなくてもだいじょうぶです。ただし、開いたぬいしろにはしっかり折り目をつけるようにします。ひもが通しにくくなったり、布がほつれてくることがあります。

Q. ひも通しの道具がありません。

A. ひもの先に、固くセロハンテープを巻いて先を固くしておくと通しやすくなります。最後にセロハンテープをつけた部分は切り落とします。

⑫ うらつきのエコバッグ

製作時間 ❺時間

小学校でのふくろ作りから,一段上の挑戦,という意識をもつことができる題材です。
"うらをつける" といっても,同じ形のふくろを作って合わせるだけなので,技術的にはあまり負担にはならないでしょう。小学生でも関心があれば十分に取り組めます。内側のぬい目が全部隠れるので,予想以上にできあがりがきれいに見えます。表とうらのコーディネートが楽しめ,形もしっかりしているので,完成度の高さが楽しめます。

材料
- ◆綿やポリエステルなどの布。大きい形にするときは,やや厚めのほうがよい。布の大きさは,できあがりの長さの2倍に12cm加え,幅は4cm加える。
- ◆平ひもは1mくらい。
- ◆手ぬい糸　ミシン糸

用具
- ◆さいほう用具
- ◆ミシン
- ◆アイロン

ぬうときのポイント

- 基本的な作り方は小学校家庭科の教科書にのっている手さげぶくろと同じです。
- 表のふくろとうらのふくろのわきのぬいしろをしっかりアイロンを使って折っておくと,できあがりの形が整えやすくなります。
- 手さげひもを手ぬいでつける場合は本返しぬい,ミシンぬいでつける場合は返しぬいでじょうぶにぬいます。

作り方

1 布をたつ。表のふくろとうらのふくろは同じ大きさに裁断します。

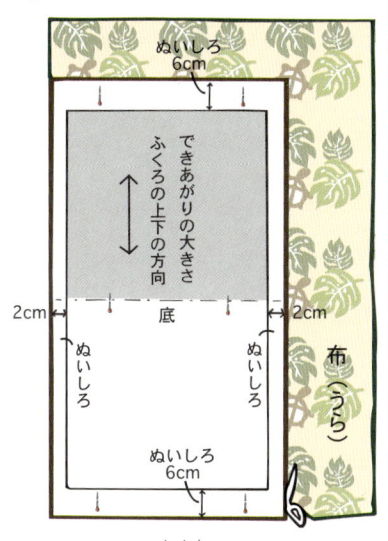

- ぬいしろ 6cm
- できあがりの大きさ
- ふくろの上下の方向
- 底
- 2cm
- ぬいしろ
- 布（うら）
- ぬいしろ 6cm

2 わきをぬいます。表のふくろとうらのふくろのそれぞれのわきをぬいます。

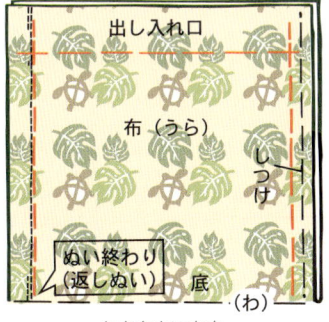

- ぬい始め（返しぬい）
- 出し入れ口
- 布（うら）
- しつけ
- ぬい終わり（返しぬい）
- 底（わ）

3 わきのぬいしろを片側に折ります。表のふくろ、うらのふくろのぬいしろにアイロンをかけます。

4 表のふくろを表側に返して形を整えておきます。

5 表のふくろの中に、うらのふくろを入れます。

- うらのふくろ（うら）
- 表のふくろ（表）

6 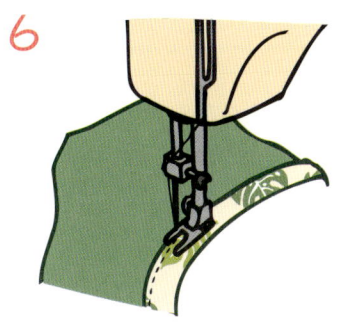 出し入れ口を三つ折りにしてぬいます。表地と、うら地を一緒に折ってぬいます。

7 手さげひもをつけます。

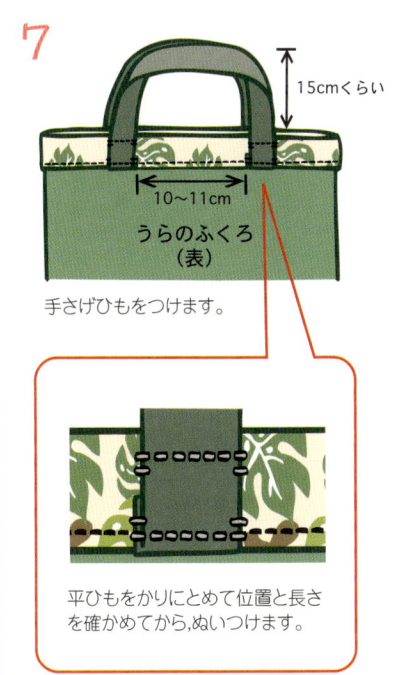

- 15cmくらい
- 10〜11cm
- うらのふくろ（表）
- 平ひもをかりにとめて位置と長さを確かめてから、ぬいつけます。

Q&A

Q. 出し入れ口をぬうときに、布のかさばりがじゃまして、ぬいにくいときはどのように指導したらよいでしょうか。

A. 布の重なりが少なくなるようにくふうします。つまり、うらのふくろの出し入れ口のぬいしろを切り取ります。そして表のふくろの出し入れ口のぬいしろを三つ折りにして、うらのふくろにかぶせるようにしてぬうとぬいやすくなります。

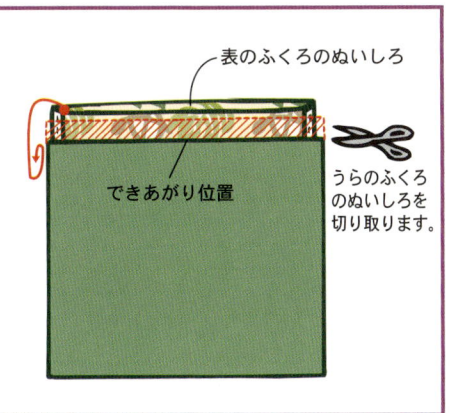

- 表のふくろのぬいしろ
- できあがり位置
- うらのふくろのぬいしろを切り取ります。

応用例

まちをつける場合

- ぬう
- 底

⑬ エプロン　製作時間 5時間程度

自分で作ったものが学校の中で活用できる代表的な作品です。「調理実習やそうじのときに使おう」などの目的がはっきりしていると製作意欲が高まります。

ポケットの形を工夫したり,染色ペンで絵を描いたり,アップリケやリボン,ボタンで飾りをつけたりすると世界に一つのオリジナルエプロンが楽しめます。

材料
- ◆綿やポリエステルなどの布（幅70cm以上長さ1mくらい）
- ◆丸ひもまたは柔らかい平ひも2mくらい
- ◆手ぬい糸　ミシン糸

用具
- ◆さいほう用具
- ◆ミシン
- ◆アイロン

ぬうときのポイント

- 大きな布が広げられる場所を確保しましょう。
- ミシンの上糸と下糸のバランスのよいぬい目になっているか,確かめましょう。
- 三つ折りはアイロンを使ってしっかり折りをつけると,ミシンぬいがきれいに仕上がります。安全に気をつけましょう。

作り方

1
20cm
4cm
55〜60cm
70cmくらい
4cm

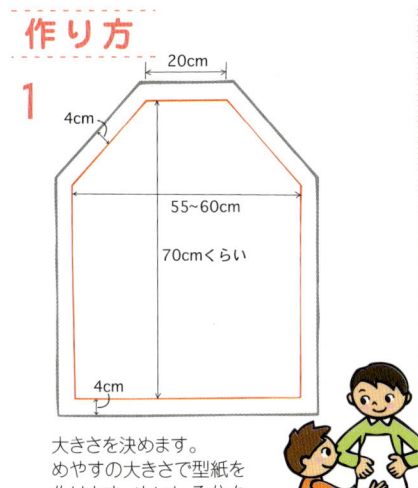

大きさを決めます。
めやすの大きさで型紙を作ります。ぬいしろ分を折って,体にあて,大きさを確かめます。

2
4cm
4cm 4cm
布（うら）
みみ
みみに型紙をあわせます
ぬいしろつきの型紙
できあがりの線
4cm

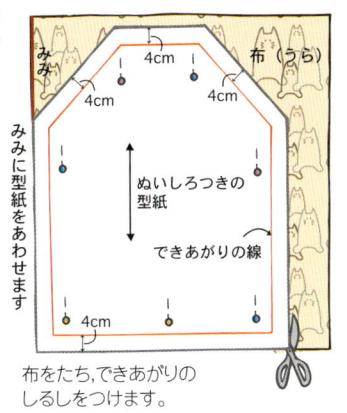

布をたち,できあがりのしるしをつけます。

3
2cm
2cm 2cm

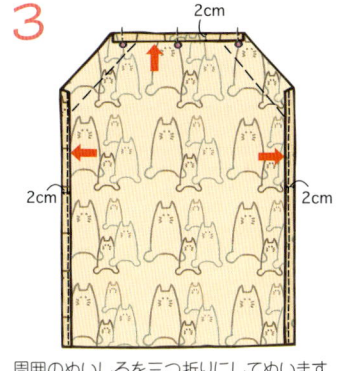

周囲のぬいしろを三つ折りにしてぬいます。
わきとむねの上をぬいます。

4
すそと斜めの部分をぬいます。

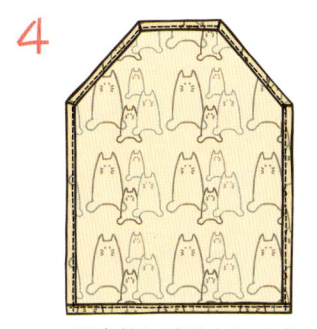

→ 三つ折りのしかた　P.39参照

5
首まわりのひも 50cmくらい
どうまわりのひも 50cmくらい
ほつれないように,はしを結ぶ。

ひもをつけます。

ひものつけ方
同じところを2回ぬう（1〜2目は長くぬう）。

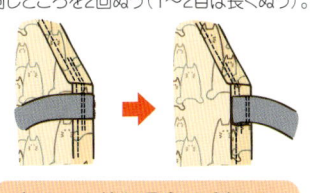

丸ひもを使う場合は,斜めの部分にひもを通します。

→ ポケットの応用　P.45参照

Q&A

Q. ポケットの大きさはどのように決めたらいいでしょうか。

A. 入れるものが決まっている場合は,その大きさに出し入れのゆとりを加えた大きさにしますが,手を入れる場合のポケット口は12〜14cmの幅が必要です。エプロンにぬいつけるときは,ポケット口がほつれないように,返しぬいをしてじょうぶにします。

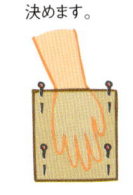

参考　ポケットのつけ方

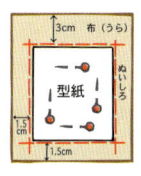

① 大きさと位置を決めます。
② しるしをつけて布をたちます。
　3cm 布（うら）
　型紙
　ぬいしろ
　1.5cm
　1.5cm
③ 口を三つ折りにしてぬいます。
　口
　三つ折り（うら）
④ 回りをしるしどおりに折ります。
　（うら）
　底
⑤ 位置を確かめて,しつけをしてからぬいます。
　しつけ
　じょうぶにぬう

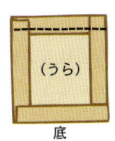

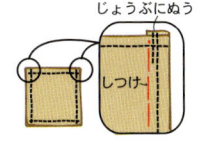

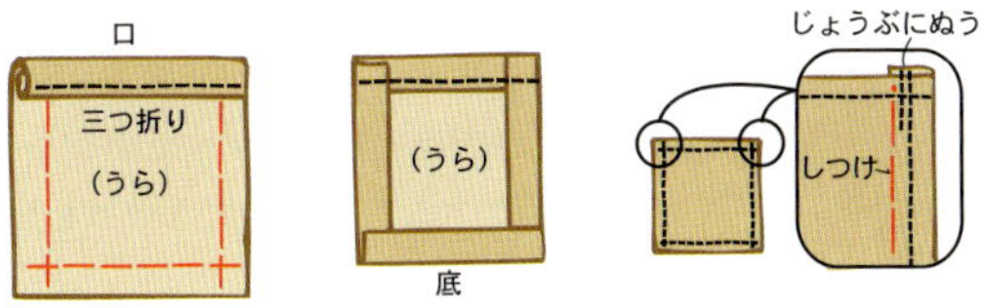

■ぬい目の大きさの調節

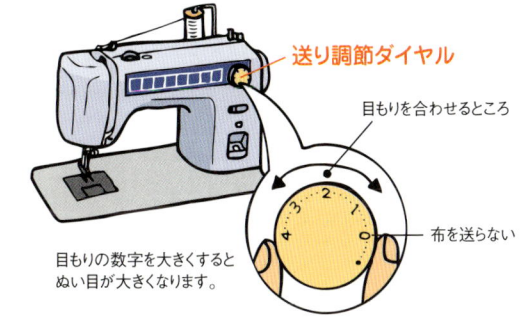

送り調節ダイヤル
目もりを合わせるところ
布を送らない
目もりの数字を大きくするとぬい目が大きくなります。

■上糸と下糸の調節（上糸調節装置で調節します）

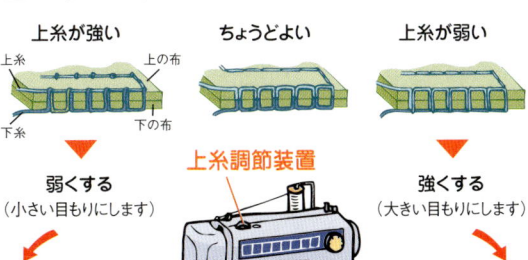

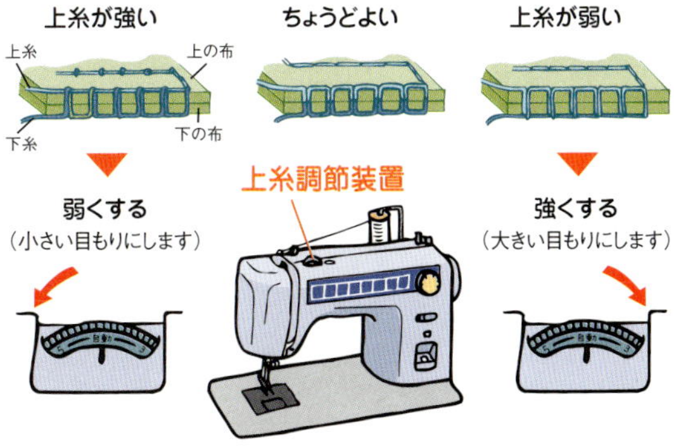

上糸が強い	ちょうどよい	上糸が弱い
上糸 / 上の布 / 下の布 / 下糸		

弱くする（小さい目もりにします）
上糸調節装置
強くする（大きい目もりにします）

「自動」にすると自動的に上糸が調節されます。

43

⑭ カフェエプロン　製作時間 6 時間

三つ折りのしかた，ポケットのつけ方，はしミシン，アイロンのかけ方なども学習できます。
「ミシン」の学習の作品としてよく作ります。

材料	◆台布・ポケット布（綿やポリエステルなどの布） ◆平ひも　150cmくらい ◆手ぬい糸　ミシン糸
用具	◆さいほう用具　◆ミシン ◆アイロン
教師の用意するもの	◆三つ折り見本 ◆ポケット見本

きれいに仕上げるポイントと安全

・三つ折りをするときは，はじめに指で折り目をつけてからアイロンをかけます（折るのは2回。布が三重になるので三つ折りといい，折るのが1回なら二つ折りです）。
・三つ折りのどの部分をぬうとよいか，考えさせます。
・重なった折り目の角がはみ出さないように注意します。
・アイロンの安全な取り扱い方を指導しておきます。
・アイロンを使っている近くにいる人が，アイロンでやけどをすることが多いので，配置を考えます。

作り方

1

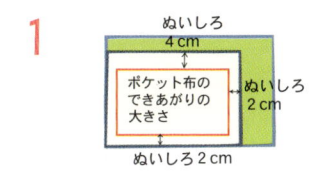

ぬいしろ 4cm
ポケット布のできあがりの大きさ
ぬいしろ 2cm
ぬいしろ 2cm

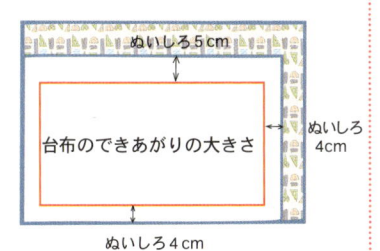

ぬいしろ 5cm
台布のできあがりの大きさ
ぬいしろ 4cm
ぬいしろ 4cm

しるしをつけて布をたちます。
(しるしは,布のうらにつけます)。
(台布は,自分の体に合わせた大きさにします。)

2

すそを三つ折りにしてぬいます。
(指で折り目をつけてアイロンをかけます)。
(ぬう場所に気をつけます。)

3

両わきを三つ折りにしてぬいます。

4

上部を三つ折りにし,
ひもをはさみこんでぬいます。

5

ひもの先がほつれないよう,
三つ折りにしてぬいます。

← 三つ折りのしかた P.39参照

6

ポケットをつけます(ポケット口は,先に三つ折りでぬっておきます)。
(両わきと底は,二つ折りにして台布にぬいつけます。)

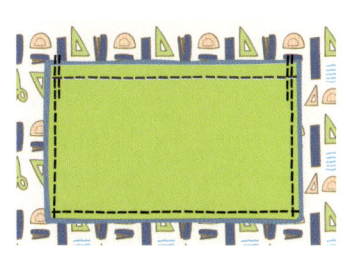

出し入れ口は,力がかかるので
一針飛び出させて返しぬいをします。

ポケットの応用

参考作品

ランチョンマットにもなるエプロン

ポケットを工夫すると,ランチョンマットになったり,ピクニックに持って行くときのカトラリーケースになったりします。ひもも,引き抜けるようにしておきます。

45

15 ミニボストンバッグ

製作時間 6時間

ちょっとした小物を入れて楽しく使えるボストンバッグです。家族へのプレゼントにもよいです（卒業期の親へのプレゼントなど）。

材料
- ◆布（キルティング）
  22cm×29cm（ぬいしろをふくむ）
- ◆手ぬい糸　ミシン糸
- ◆ファスナー　20cm
- ◆ひも　12～15cm幅　長さ19cm　2本

用具
- ◆さいほう用具
- ◆ミシン

作り方

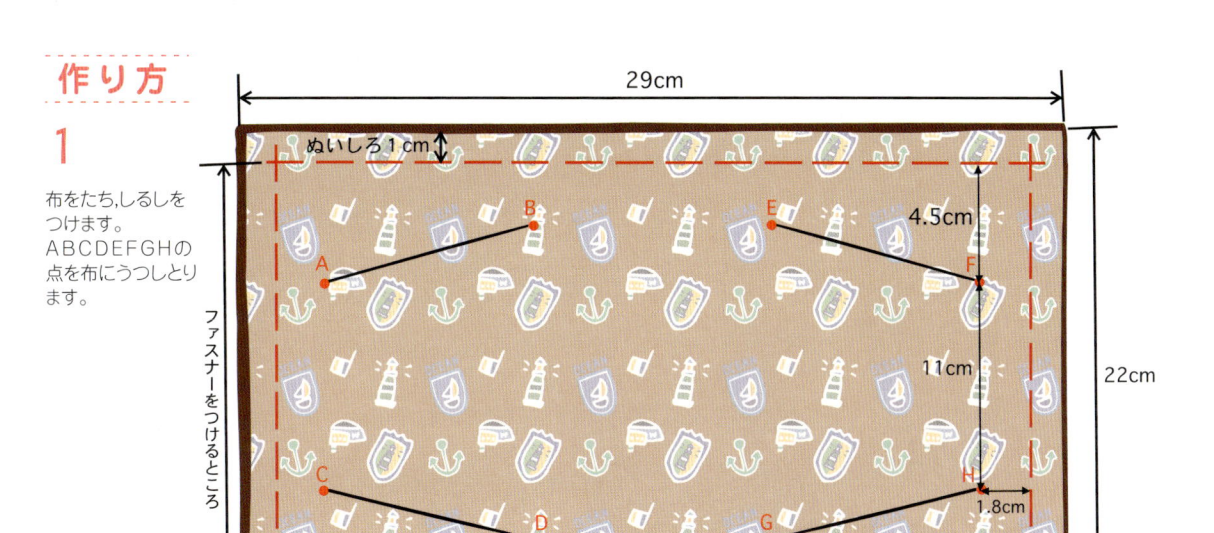

1
布をたち,しるしをつけます。
ABCDEFGHの点を布にうつしとります。

- 29cm
- ぬいしろ1cm
- 4.5cm
- 11cm
- 22cm
- 1.8cm
- 9.5cm
- ファスナーをつけるところ

2
ジグザグミシンなどで布はしのしまつをしておくとよいです。

3
ファスナーをつけます。
ぬい始め,ぬい終わりは返しぬいをします。

《ミシンでぬうときは,ファスナーは2回にわけてぬう》
半分までぬったら,針を布にさしたまま,ファスナーをあけて,あと半分をぬいます。

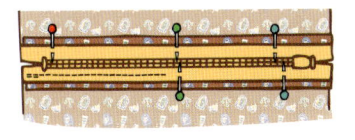

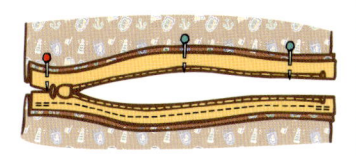

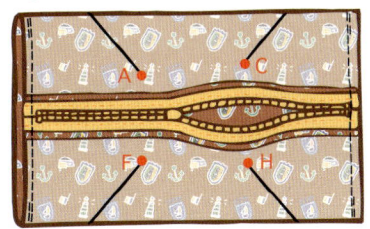

4
うらから両わきをぬいます。
ファスナーは,半分くらいあけておきます。

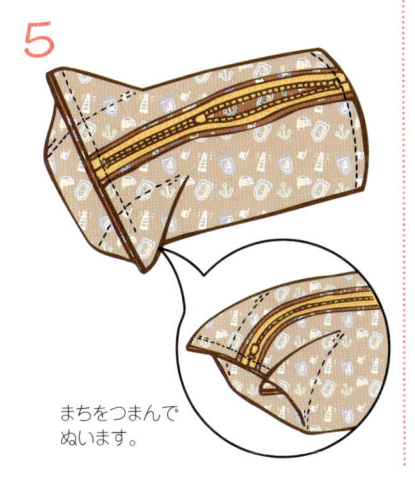

5
まちをつまんでぬいます。

6
表に返して,ひもをつけます。

- 2cm
- 4cm

※40cmのファスナー,44×55cmの布で作ると大きいものができます。

指導のポイント

- 型紙はボール紙で作っておきます。
- 型紙(ボール紙)のA点からH点には,穴をあけておき,チャコえんぴつでしるしをつけやすくしておきます。
- ファスナーつけは,半分ぬい,ファスナーのもち手を動かしてあと半分をぬうと,金具がミシンにあたらずにスムーズにぬえます。
- 布地を各自で用意する場合は早めに家庭に連絡します。

47

16 お気に入りのシャツがクッションに変身

製作時間 2時間

不用になった物も,別の物に作りかえることで有効に利用できます。
思い出がいろいろあるシャツを,クッションに変身させましょう。

材料
- ◆シャツ(気に入っていたが着なくなったもの)
- ◆手ぬい糸　ミシン糸　◆綿(わた)

用具
- ◆さいほう用具　◆ミシン

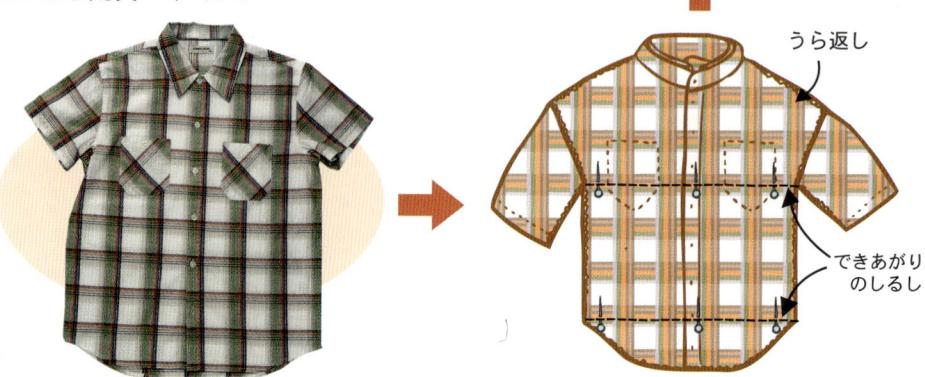

うら返し
できあがりのしるし

作り方

1 シャツのどの部分が利用できるかを考えます。

2 できあがりのしるしをつけます。

3 前身ごろ(シャツの前部分)と後身ごろ(シャツの後部分)のできあがりのしるしをまち針でとめます。

4 できあがりのしるしをぬいます。

5 シャツのボタンを開いて表に返し,綿をつめます。(綿を入れたあと,前はしをぬっておくと綿がとび出しません。)

第3章

製作の授業を効果的に進めるために

① 教材の工夫

現在では,食物や生活に使うものすべてが豊富で,安くかんたんに手に入るようになりました。その結果,子どもたちがものを作ることの楽しさや喜びを感じる体験が少なくなってきています。

製作学習の体験が上手にスタートすれば,作る喜びや自信につながり,さらに人に喜んでもらう貴重な経験となるでしょう。

自分の手で作る喜びを味わうことは子どもの心を豊かにします。ものを作ることを通して子どもたちは,自分の思いを表現することができ,完成したときに大きな感動と満足感を味わうことができます。

製作にあたっては,目標を示し,子どもたちにつけたい基礎的・基本的な力を明確に提示します(p.6)。

「さあ,作ってみよう」という子どもたちの興味・関心を高め,持続させるために,教材の工夫をしてみましょう。

身近で具体的な教材

子どもたちに基礎的・基本的な力をつけさせるために,作るものは自分にとって身近で大切な物となるようにします。

(1) 子どもたちが一人ひとり使えるもの

作品例「②名まえワッペン」(p.20)や「④マスコット」(p.24)のように世界でたった一つしかない,どこにも売っていない,自分がデザインした宝物となります。

自分が使いたいもの,作りたいものであると同時に,技能に合わせて作ることができるものを選びます。

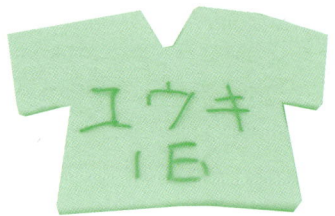

> 作る楽しさを発見するきっかけ作りから始めましょう

●作品例：名まえワッペン

●作品例：マスコット

指導のポイント

まずは楽しく取り組むこと

製作では,子どもたちに必然性をもたせることが大切です。「こうしたい」と思わせることが大事なので子どもの目線や気持ちで考えてみると,何をやったらよいかが決まってくると思います。教師が楽しいと思わなければ,学ぶ側は楽しめません。基礎・基本を大切にしながら,家庭科の学習の展開を考えていきましょう。

> マスコットはかわいいおにぎりにしよう!

(2) 共通の環境や地域の特色を利用

作品例「①ふしぎな池」(p.18)は,学校区にある公園の池をモチーフに取り上げています。

4年生までに,総合的な学習や,生活科などで地域の特色を学んできます。その体験を製作の動機づけに利用してみました。

玉結びは手ぬいの学習で,針に糸を通すことの次に学ぶ基礎的な技能です。「最初から玉結びをたくさん作りなさい」では,意欲はわきません。子どもたちがよく知っている池で,おたまじゃくしが泳ぐというイメージが,意欲の向上につながっていきます。

(3) 既存の作品からのイメージ作り

上級生や卒業生の完成作品を借り,これから学ぶ子どもたちにできあがりをイメージさせます。

例えば,下の写真は児童作品と児童の感想です。先輩から作品や感想文を借りて授業を準備します。

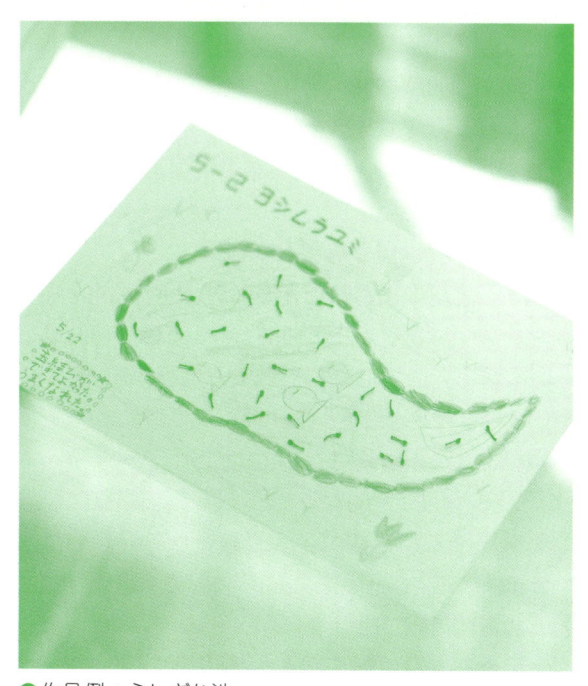

●作品例:ふしぎな池

●作品例

●感想文

一人ひとりの作品を共同作品に

かんたんな小物でもクラス全員のものを集めて、テーマのもとで構成すると、まとまりがあり迫力のある作品となります。また、クラスの結束を強める効果もあります。

(1) 共同作品は豊かな発想の結実

一人ひとりの子どもが作るのは、それほど時間もかからない小さな作品ですが、それが集められることによって、一人では途方もなく時間がかかってできないような作品となります。

目標とする製作物は、羽を広げたくじゃくであったり、天空の銀河であったりと、子どもたちからはいろいろなアイデアが出るので、その豊かな発想を生かします。その中に子どもたちの個々のよさが発揮され、楽しい作品になります。

(2) テーマ選びは関心の高いものに

共同作品のテーマは子どもたちから募集し、出されたアイデアの中で希望の多いものに決めます(p.22)。

しかし、意見が少なくても、自分たちが気づかなかったクラスメートのよさやテーマの魅力に関心が寄せられ、製作意欲につながることもあります。

共同作品はクラスの各自が小さな星や顔一つひとつを一所懸命作ります。小さな星や顔を台布にはります。いつのまにか、大きな作品に発展しているのです。子どもたちの希望や興味・関心を考慮して台布づくりは教師のほうで準備します。

●みんなの星を合わせて「銀河鉄道の夜」に(p.23)

指導のポイント

材料も工夫してみよう

スパンコールやビーズ、リボン、ボタンなど、教師が学校に材料を用意しておいて、自由に作らせます。一所懸命デザインを考えながら製作するうちに、針や糸、さいほう用具の扱い方をマスターしていきます。

●共同作品の例「クラスの旗」

② 作品製作に使用する技能

この本で紹介している作品の技能は次のようになります。

【○作品で使用する技能　△ミシンぬいのかわりに使用する手ぬいの技能】

No.	作品例	小学校5	小学校6	中学校1~3	針の糸通し	玉結び	玉どめ	ぬい取り	ボタンつけ	なみぬい(さしぬい)	かがりぬい	返しぬい	まつりぬい	ミシンぬい	*型紙	アイロン	しるしつけ	布をたつ	まち針をうつ	布を表に返す	三つ折りにする	ひもを通す	ぬいしぼる	参考
1	ふしぎな池	○			○	○	○																	提出する場合は、名まえのぬい取りをする。
2	名まえワッペン	○			○	○	○									○								移動教室等での活用
3	共同作品:くじゃく	○			○	○			○	○	○					○	○							個々の作品をはりつける台紙は教師が用意する。
3	共同作品:銀河鉄道の夜	○			○	○	○	○		○							○	○						
4	マスコット	○			○	○	○	○		○	○			○				○						綿を入れる。
5	ポケットティッシュケース	○	○	○	○	○	○			○	○	○	○	○	○	○	○	○	○					布(織物)に慣れる。がらを選ぶ。
6	キャップの針さし		○	○	○	○	○			○					○			○					○	綿を入れる。
7	ふくろうのお手玉	○	○	○	○	○	○			○	○			○				○					○	はぎれを活用する。
8	布のボール	○	○		○	○	○	○		○				○				○						幼児のおもちゃに。
9	ランチョンマット	○	○		△	△	△			△		△		○	○	○	○	○	○		○			表布のみで作る場合は三つ折りにする。
10	星のクッション		○		△	△	△			△		△		○	○	○	○	○	○	○				綿を入れる。
11	きんちゃくぶくろ		○		△	△				△		△		○	○	○	○	○	○		○	○		布のたてと横を考える。
12	うらつきのエコバッグ		○	○	△	△	△			△		△		○	○	○	○	○	○	○				表ぶくろとうらぶくろのコーディネート。
13	エプロン		○	○	△	△	△			△		△	△	○	○	○	○	○	○		○	○		丸ひもの場合のみひも通しをする。
14	カフェエプロン		○	○	△	△	△			△		△	△	○	○	○	○	○	○		○	○		(応用)カトラリーケース・ウォールポケット
15	ミニボストンバッグ		○	○	△	△	△			△		△		○	○	○	○	○	○	○				ファスナーをつける。
16	お気に入りのシャツがクッションに変身		○	○	△	△	△			△		△	△	○		○	○	○	○	○				綿を入れる。

*教師が型紙を用意するとよいでしょう。

③ 製作学習活動の具体例

【カフェエプロンの場合】

学習活動	学習支援の視点	教材・教具・資料	評価方法
形や大きさを決めよう			
☆カフェエプロンの形や大きさを決める。	・作品例を参考に考えるとよいことを伝える。 ・材料の布を腰の位置に巻かせ,児童の体に合った大きさを決めさせる。	作品見本 布見本 材料見本	・活動のようす ・ワークシート ・自己評価
布をたち,しるしをつけよう			
☆できあがりの大きさの回りにぬいしろをつけて布をたち,しるしをつける。	・横幅→腰に巻いて重なる分＋ぬいしろ分 ・たけ→上下のぬいしろ分をたす。	製作計画表	・計画表 ・活動のようす ・作品 ・ワークシート ・自己評価
①自分の体に合わせて布をたつ。	・布をたつ前に教師が確認する。	布	
②体に合わせてたった布のうらに,ぬいしろのしるしをつける。	・布の表うらを確認させる。	さいほう用具 完成作品	
折ってぬおう（わきとすそ）			
☆布はしの折り方を考える。洗濯のことを考えて布はしのほつれにくい折り方にしよう。	・「布はしのしまつのしかた」を参考に,どんな折り方がよいか実際に布を折らせて考えていくようにする。 ・三つ折り練習標本で練習させてもよい。	三つ折り練習	・活動のようす ・ワークシート ・自己評価
☆すそをミシンでぬう。	・はじめに指で折り目をつけてからアイロンで仕上げをすることを知らせる。	しつけ（まち針）	
①すそを三つ折りにし,まち針でとめる。	・アイロンの安全な取り扱い方を指導する。	アイロン・アイロン台	
②ぬう位置を考え,ミシンでぬう。	・安全なまち針のとめ方について,教科書を参照して考えてとめるよう声をかける。	はしミシン	
☆すそと同様にわきをぬう。 ※ぬい始めとぬい終わりの返しぬいを忘れずにする。	・折り目のどの位置をぬうとよいか標本（教科書）を見て考えられるようにする。 ・ミシンぬいをするときは,まち針の手前でとめ,まち針を抜くように示範する。 ・両端が横の折り目からはみ出さないようにアドバイスする。	段階標本 わき,すそ	
ひもをはさみこみ,上部をぬおう			
☆ひもの先端がほつれないように三つ折りをし,ぬう。	・はさみこむひもが,わきの三つ折りより奥までいくようにアドバイスする。	段階標本 ひものついた状態のもの	・活動のようす ・ワークシート ・自己評価
☆上部の三つ折りの両端に,ひもをはさみこんでぬう。	・布が重なり厚くなるので,布押さえを少しうかし気味にかけるよう,アドバイスする。		
ポケットをぬいつけよう			
☆ポケットをつける。		ポケットのついた作品	・活動のようす ・ワークシート ・自己評価
①ポケットを一つにするか,二つにするか決め,しるしをつける。	・ポケット口は,物の出し入れをするので三つ折りにするようにアドバイスする。	段階標本 ポケット	
②ポケットの上部を三つ折りし,はしミシンをかける。	・ポケット口は力がかかるので,返しぬいをするとよいことを知らせる。		
③ポケット口以外のぬいしろをアイロンで折る。			
④エプロン布にポケット布をのせ,ポケット口以外をぬう。			

④ 展覧会の準備の進め方

展覧会！ さあ,何から始めればよいのやら。でも,子どものがんばりを認められるよいチャンスです。「作る」だけで終わらせるなんてもったいない。有意義な行事にしましょう。

スケジュールを立てましょう！

　10～11月に展覧会（もしくは学習発表会）の学校が多いと思います。行事当日の1週間前までには作品と名札が完成するよう,指導計画を立てましょう。

計画的！

材料の準備。布の購入などの保護者へのお願い。 → 授業で製作。名札も作る。（ゆとりの指導期間） → 展覧会当日！　やったぞ！

　9月から作品を製作したい場合は,夏季休業前に材料を準備すると慌てずに済みます。一括購入でなく,各家庭で布地などを用意してもらうなら,3週間前までには家庭科通信などで依頼の連絡をしておくとよいです。右の例のような手紙を用意しましょう。

どんな作品を展示するかの例
・エプロン　・手さげぶくろ
・ランチョンマットときんちゃくぶくろ
・オリジナルクッション　・共同作品　などなど…。

保護者の皆様へ　　　　　年　月　日
（家庭科）担当　□□□□

展覧会に向けて

　いよいよ秋の展覧会です。これに向けて,これまでの製作の技術を生かした作品を作ります。写真は昨年の先輩が作ったものですが,子どもたちに自分の好きなものを作らせたいと考えています。各家庭で,材料を用意してください。
　すてきな作品を作れるよう,しっかり指導していきたいと思います。よろしくお願いします。

〈名札の例〉

作品名	まほうのふくろ
5年1組	名まえ　荒川一郎

がんばったところ　いろいろなものを いれても とびださないように 口あきを しっかりぬいました。

・児童の写真
・工夫したところ
　の欄を設けると,さらにいいですね！

⑤ 掲示物に名札をつける方法

児童の作品を掲示しましょう。

- 立体作品は,長テーブルに布を敷いて並べましょう。布の色は,紺や緑など濃いものにすると作品が映えます。
- 平面作品は,壁にネットを張って,安全ピンで掲示しましょう。ネットは,ごみのカラスよけネットがおすすめです。ネットの下部が浮くので,二つ折りをして折り目に園芸用の支柱を入れるとピンとしますよ!

Q&A

Q. 掲示物にはどのように名札をつけますか。

A. 作品に合ったつけ方をしましょう。

① ピンでとめる。

しっかりつきます。針先には注意!

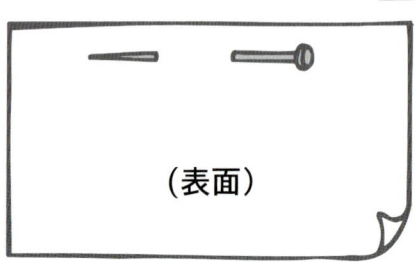

（表面）

② 安全ピンでとめる。

名札が画用紙などの厚い紙ならOK。曲面の多い作品にも向いています。

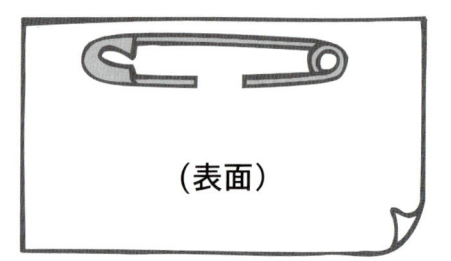

（表面）

③ 両面テープでとめる。

タオル地の作品には向きません。しかし,じょうぶでおすすめ。

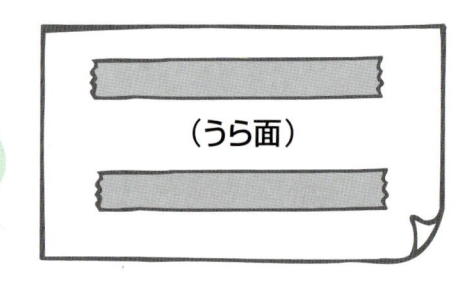

（うら面）

6 製作学習の評価

　成績をつけるために,できあがった作品だけを見て評価しようとしていませんか?評価は,成績をつけるためだけに行うのではありません。今日評価したことを,明日の指導に生かすことが大切です。今日の指導結果を受け止め,全員がねらいを達成できるように指導していきましょう。

指導計画と同時に評価計画を立てる

　準備の段階で,指導計画と共に評価計画も立てておきます。できあがった作品で評価をするのではなく,毎時間のねらいを達成できているかどうかをチェックし,必要な支援を行いながらねらいを達成できるようにすることが大事です。

　家庭科の評価の観点はいくつもあるので,どの時間にどの場面でどの観点の評価を行うのかということをはっきりさせておくとよいでしょう。

評価は,毎時間ごとに

　その時間のねらいに対してどうだったかということを簡単にメモしておくだけで,評価の役に立ちます。そのために,**座席表評価カード**を用意しておくと便利です。また,授業が終わった後の5分休みの間に気づいたことを記録しておきましょう。ただし,評価だけに集中せず授業をすることが大事なので,メモはできる範囲で十分です。

> いつ評価をすればよいのかしら?

●座席表評価カードの例

| 本時の目標 |
| 評価ポイント |

（座席表評価カード：児童名ごとに 関・創・技・知 の評価欄）

> 発言内容や作業のしかた等を記号や短い言葉でメモしておきましょう。
> 　回を重ねるごとに,日常目が届いていない児童の発見もできます。次時に必ず評価したい児童の絞り込みも,可能になります。

Q&A

Q.製作途中の作品を持ち帰らせてもよいですか?

A. 製作中の作品は持ち帰らせず,できるだけその日のうちに先生の目でチェックしましょう。そうすることで各自の進度を把握できるだけでなく,間違えている部分を発見できます。間違えている場合は,次の製作日までに直しておくように伝えましょう。これで時間を短縮できます。

　また,家庭に持ち帰った作品は他の人の手が入ることもあり,評価しにくくなります。授業後に集めておくことで,「忘れてしまって作業ができない」ということもなくなります。

7 小学校・中学校の関連を考えて

新学習指導要領では,これまで中学校で選択領域だった被服製作も必修化されるなど,小学校と中学校の指導内容が体系化され,より基礎・基本の確実な定着が図られるようになりました。今後は小学校と中学校の指導者の連携の上で,指導計画の作成や指導方法等の研究など,一層の充実が求められるようになります。ここでは,指導内容の連携及び教育資源の生かし方のポイントについて紹介します。

Q&A 中学校で被服製作を指導する上でのQ&A

Q. 小学校で学んでいるはずなのに,玉どめや玉結びができない生徒が多いのですが,どう指導したらよいでしょうか。

A. 玉結びは,人さし指に巻いて作る方法がうまくいかない場合もあります。針に巻いてつくる方法など,複数の方法から生徒ができるものを確かめて教え,難しい技能ではないことを伝えましょう。布から糸が抜けないようにすることが大事なことであることを確認しましょう。

Q. ボタンやスナップのつけ方,返しぬいやまつりぬいのしかたをはし布で練習しますが,技術が定着しません。よい方法を教えてください。

A. 日頃着用している制服やワイシャツのボタンをあえてとって,つけ直してみましょう。実際にとれたときも自分でつけられるようになります。スカートやズボンのすそのまつりぬいも同様です。

Q. 出身小学校により身につけた技能に差があり,一人の教師では指導しきれない場合はどうしたらよいですか。

A. グループリーダーを育て,教え合い学習が成立するようにします。また,保護者や地域の方の協力(スクールボランティア等)を得るとよいでしょう。小学校と連携し,製作の指導に困っている小学校には中学校の教諭が指導に出向くことも考えられます。

中学校での指導の定着を確認する作品例

小学校で身につけてきた技能を確認しながら,中学校での技能の定着がどれほどかを確認するめやすとなる,作品例です。

小学校でも作ってきたふくろの技能を使って中学生に,エコバッグを作らせてみてはどうでしょうか。

ここで使う木の模様は,高等学校の被服製作技術検定4級レベルの簡単なものをベースにしています。

作り方 P.40参照

●作品例:木の模様のついたエコバッグ

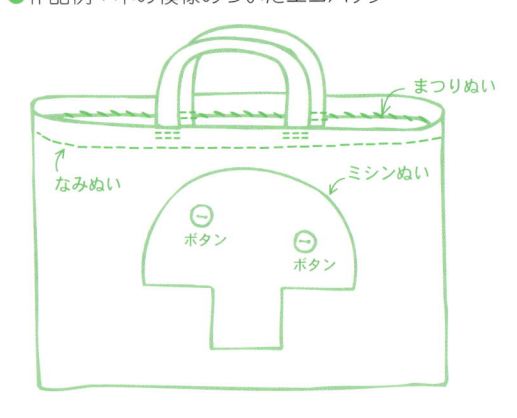

(まつりぬい / なみぬい / ミシンぬい / ボタン)

資料

基礎・基本の技能の定着の確認方法の例(全国高等学校「被服製作技術検定4級」を参考にして)

制限時間を設定することによって集中して作業に取り組ませることができます。合格基準を作り,あらかじめ知らせておくと目標が明確になり,合格することで大きな達成感と自信をもたせることができます。

＜準備と作業＞
布：長さ46cm 幅90cmの布の4分の1の大きさの布
　　（カラーシーチングやブロードなどの中程度の厚さ）
糸：目立つ色で,50か60番のミシン糸
　　手ぬい糸とミシン糸は同じでもよい。
　　ボタンつけは太めの糸とする。
ボタン：直径1.2cmくらいの二つ穴がよい。
①布に模様をチャコペーパーで写す。
②両端をできあがり2cmの三つ折りにする。
③片端の中央までなみぬい,残りにまつりぬいをする。
④片端をミシンで三つ折りぬいにする。
⑤布をたてに半分折りにして,ミシンで模様ぬいをする。
　ぬい始めとぬい終わりは返しぬい。
⑥半返しぬいをする。
⑦ボタンつけをする。

※検定では35分間で③から⑦までの作業を行うが,
　生徒の状況に応じて時間設定をするとよい。

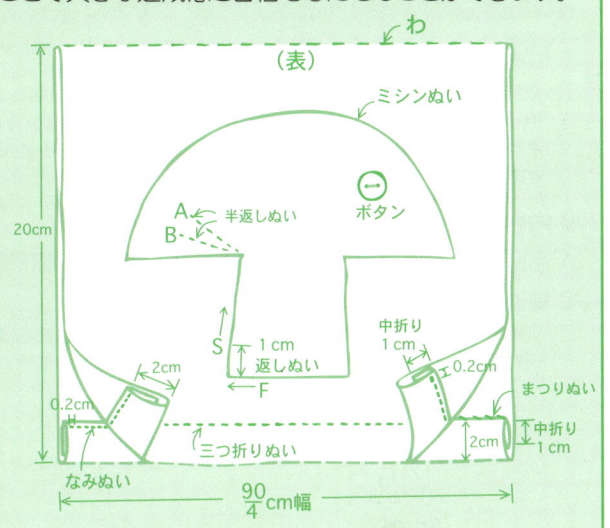

地域の教育資源（家庭・社会,ひと,施設・機関）を生かすために

学校教育と社会教育との連携・協力により,学校教育の中で活用しやすいプログラムや教材を開発することが求められています。そこで,保護者や地域の方,科学館や博物館等の地域の教育資源を生かすための手順とポイントを紹介します。

●地域のサポートを受ける場合の注意事項

手順	生かし方等のポイント
ねらい	地域の方の協力を得ることでどのような成果があるかなど,何を目的に地域の教育資源を活用するのか,ねらいをはっきりさせる。
さがす	その課題を解決するためにはどのような地域の教育資源を使えるか多面的に情報を収集する。 （インターネット,教育機関,行政等）
連絡する	連携の目的及び具体的な支援内容を確認し,連絡をとる。 連携する相手と具体的な今後の日程等確認し,双方の情報交換を十分にしておく。
相談・報告	集めた情報をもとに,学校関係者（管理職等）と依頼文・謝金等具体的な事務手続きの確認をする。
事前調整	当日までに授業場所,日程,準備するもの等を細かく打ち合わせをしておく。 （打ち合わせ：電話・FAX・手紙・メール等） 児童・生徒の実態を理解できる程度の情報提供,教室環境づくりを行う。
当日	児童・生徒の健康状態等を伝えることや教育課程の確認をしておく。授業展開においては,指導教諭が必ず主体となり,授業を進める。評価については指導教諭が行う。
事後	授業後の反省会を行い,継続的な交流のお願いをする。子どもの感想等を使い,お礼状の作成により感謝の意を示す。 ※効果的に生かせない場合は継続しない。

巻末資料

●小学校「家庭科」学習指導要領（抜粋）

（平成20年3月28日告示）

第1 目標

衣食住などに関する実践的・体験的な活動を通して、日常生活に必要な基礎的・基本的な知識及び技能を身に付けるとともに家庭生活を大切にする心情をはぐくみ、家族の一員として生活をよりよくしようとする実践的な態度を育てる。

第2 各学年の目標及び内容　［第5学年及び第6学年］

1 目標

(1) 衣食住や家族の生活などに関する実践的・体験的な活動を通して、自分の成長を自覚するとともに、家庭生活への関心を高め、その大切さに気付くようにする。

(2) 日常生活に必要な基礎的・基本的な知識及び技能を身に付け、身近な生活に活用できるようにする。

(3) 自分と家族などとのかかわりを考えて実践する喜びを味わい、家庭生活をよりよくしようとする実践的な態度を育てる。

2 内容

A 家庭生活と家族（略）　B 日常の食事と調理の基礎（略）

C 快適な衣服と住まい

(1) 衣服の着用と手入れについて、次の事項を指導する。
　ア 衣服の働きが分かり、衣服に関心をもって日常着の快適な着方を工夫できること。
　イ 日常着の手入れが必要であることが分かり、ボタン付けや洗濯ができること。

(2) 快適な住まい方について、次の事項を指導する。
　ア 住まい方に関心をもって、整理・整頓（せいとん）や清掃の仕方が分かり工夫できること。
　イ 季節の変化に合わせた生活の大切さが分かり、快適な住まい方を工夫できること。

(3) 生活に役立つ物の製作について、次の事項を指導する。
　ア 布を用いて製作する物を考え、形などを工夫し、製作計画を立てること。
　イ 手縫いや、ミシンを用いた直線縫いにより目的に応じた縫い方を考えて製作し、活用できること。
　ウ 製作に必要な用具の安全な取扱いができること。

D　身近な消費生活と環境　　（略）

●中学校「技術・家庭科」［家庭分野］　学習指導要領（抜粋）

第1 目標

生活に必要な基礎的・基本的な知識及び技術の習得を通して、生活と技術とのかかわりについて理解を深め、進んで生活を工夫し創造する能力と実践的な態度を育てる。

第2 各分野の目標及び内容　〔家庭分野〕

1 目標

衣食住などに関する実践的・体験的な学習活動を通して、生活の自立に必要な基礎的・基本的な知識及び技術を習得するとともに、家庭の機能について理解を深め、これからの生活を展望して、課題をもって生活をよりよくしようとする能力と態度を育てる。

2 内容

A 家族・家庭と子どもの成長（略）　B 食生活と自立（略）

C 衣生活・住生活と自立

(1) 衣服の選択と手入れについて、次の事項を指導する。
　ア 衣服と社会生活とのかかわりを理解し、目的に応じた着用や個性を生かす着用を工夫できること。
　イ 衣服の計画的な活用の必要性を理解し、適切な選択ができること。
　ウ 衣服の材料や状態に応じた日常着の手入れができること。

(2) 住居の機能と住まい方について、次の事項を指導する。
　ア 家族の住空間について考え、住居の基本的な機能について知ること。
　イ 家族の安全を考えた室内環境の整え方を知り、快適な住まい方を工夫できること。

(3) 衣生活、住生活などの生活の工夫について、次の事項を指導する。
　ア 布を用いた物の製作を通して、生活を豊かにするための工夫ができること。
　イ 衣生活又は住まいに関心をもち、課題をもって衣生活又は住生活について工夫し、計画を立てて実践できること。

D　身近な消費生活と環境　　（略）

さくいん
Index

あ
- アイロン ……… 9,34,35,44,45,53
- 安全チェックカード ……… 12
- 糸切りばさみ ……… 12,13
- 上糸と下糸の調節 ……… 43
- エコバッグ ……… 40
- エプロン ……… 42,44
- お手玉 ……… 30

か
- 返しぬい ……… 15,53
- かがりぬい ……… 15,25,33,36,53
- 型紙 ……… 25,26,31,53
- 技能 ……… 12,53,59
- 共同作品 ……… 22,23,52
- きんちゃくぶくろ ……… 38
- 口あき ……… 39
- クッション ……… 36,48
- コの字とじ ……… 36

さ
- さいほう用具 ……… 10,11,12
- 作業の安全 ……… 8,9
- さしぬい ……… 29,53
- 座席表評価カード ……… 57
- 自己評価カード ……… 59
- しつけ ……… 39,41
- 小学校・中学校の関連 ……… 60
- 製作学習の評価 ……… 57

た
- たちばさみ ……… 12,13
- 玉どめ ……… 14,18,19,21,53
- 玉結び ……… 14,18,19,21,51,53
- 段階標本 ……… 12,54
- 地域の教育資源 ……… 61
- 展覧会の準備 ……… 55

な
- 名まえのぬい取り ……… 20,21,22,25
- なみぬい ……… 15,29,53
- 2枚の布をぬい合わせる ……… 25
- 布のたち方 ……… 13
- ぬいしろ ……… 26,28,31,35,37,39,41,43,45,47
- ぬい取り ……… 19,20～22,25
- ぬう姿勢 ……… 13

は
- はしぬい ……… 35
- 針さし ……… 28
- 針の引き方 ……… 13
- 半返しぬい ……… 15
- 引きしぼる ……… 29
- ひものつけ方 ……… 43
- ファスナー ……… 47
- フェルト ……… 20,22,24,32
- ふくろ ……… 38
- ブランケットステッチ ……… 25
- ポケットティッシュケース ……… 26
- ポケットのつけ方 ……… 43
- ボストンバッグ ……… 46
- ボタンつけ ……… 16,53
- 本返しぬい ……… 15

ま
- まち針のとめ方 ……… 26
- まちをつける場合 ……… 41
- まつりぬい ……… 16,36,53
- ミシン ……… 8,53
- ミシンの安全な使い方 ……… 8
- 三つ折り ……… 39,45,53

や
- 指アイロン ……… 26,27

ら
- ランチョンマット ……… 34

おくづけ

- ●監修
  - 櫻井　純子　　元滋賀大学
- ●編集・執筆
  - 鳴海多恵子　　東京学芸大学
- ●執筆
  - 大内　孝子　　大内手芸教室
  - 大野　君予　　東京都大田区立田園調布小学校
  - 沖　　夏　　　東京都品川区立御殿山小学校
  - 椎名　哲也　　神奈川県横浜市立いずみ野小学校
  - 鈴木恵理子　　東京都世田谷区立弦巻小学校
  - 武井　利依　　東京都豊島区立高松小学校
  - 蓮実　和代　　東京都豊島区立南池袋小学校
  - 谷田部利子　　東京都葛飾区立道上小学校
  - 山口美恵子　　千葉県総合教育センター
  - （五十音順）　（所属は執筆時）

- ●製作協力
  - 作山　良子　　赤羽ソーイングルーム
- 表紙・本文レイアウト　ネオパル株式会社／イラスト　速水えり／写真　湯浅立志

基礎・基本が身につく，かんたんにできる

布を使った作品集

2008年7月20日　初版発行
2010年5月10日　再版発行

編著者　鳴海多恵子ほか10名
発行者　山岸　忠雄
発行所　開隆堂出版株式会社
　　　　東京都文京区向丘1丁目13番1号　〒113-8608
　　　　http://www.kairyudo.co.jp
印刷所　三松堂印刷株式会社
　　　　東京都千代田区西神田3丁目2番1号
発売元　開隆館出版販売株式会社
　　　　東京都文京区向丘1丁目13番1号　〒113-8608
　　　　電話　03(5684)6118
　　　　振替　00100-5-55345

定価はカバーに表示してあります。　ISBN 978-4-304-02074-2
本書の内容を，無断で転載または複製することは，
著作者および出版社の権利の侵害となりますので，かたく禁じます。

Ⓒ Kairyudo, 2008